»Rettet den Staatsbürger in Uniform!«

Potsdamer Schriften des Zentrums für Militärgeschichte und Sozialwissenschaften der Bundeswehr

Begründet vom Militärgeschichtlichen Forschungsamt

Band 28

Donald Abenheim

»Rettet den Staatsbürger in Uniform!«

Gedanken zu einem deutsch-amerikanischen Thema

Unter Mitarbeit von
Carolyn C. Halladay

Mit einem Geleitwort von
Peter Paret

ZMSBw • Potsdam 2017

Die nachstehenden Beiträge von Donald Abenheim und Carolyn C. Halladay geben ausschließlich die Meinung der Verfasser wieder. Sie stellen nicht die Position der US-Regierung dar und dürfen nicht in diesem Sinn ausgelegt werden.

Bibliografische Information der Deutschen Nationalbibliothek
Die Deutsche Nationalbibliothek verzeichnet diese Publikation in der Deutschen Nationalbibliografie; detaillierte bibliografische Daten sind im Internet über www.dnb.de abrufbar.

Redaktion und Projektkoordination:
ZMSBw, Fachbereich Publikationen (0846-01)
Koordination, Lektorat: Michael Thomae
Lektorat, Korrektorat: Björn Mielbrandt (Berlin), Ole Ch. Schneider (Berlin)
Texterfassung, Satz, Cover: Carola Klinke

Umschlag: Ehrenkreuz der Bundeswehr auf US-Uniform, verliehen 2010 an US-MedEvac-Besatzungen durch den Chef des Stabes im ISAF-Hauptquartier, Generalleutnant Bruno Kasdorf, in Kunduz (© 2010 Bundeswehr/Kunduz).

ISBN 978-3-941571-34-1

Inhalt

Vorwort

»Rettet den Staatsbürger in Uniform!« – Aus diesem Imperativ spricht die Sorge um eine Institution, die so alt ist wie die Bundeswehr selbst. Bekanntlich hatten schon die Gründerväter der Bundeswehr alle Mühe, dem Konzept der Inneren Führung und seinem Leitbild vom Staatsbürger in Uniform zur gewünschten Anerkennung in den jungen Streitkräften der Bundesrepublik zu verhelfen. Deren Entwicklung erlebte auch danach manch kritischen Moment, wenn dieses Leitbild innerhalb oder außerhalb der Streitkräfte skandalträchtig in Frage gestellt wurde. Neue Belastungsproben brachte der tiefgreifende Umbau der Bundeswehr nach dem Epochenwechsel von 1989/90, und zwar sowohl als Folge des neuen Einsatzspektrums wie auch des Wandels von einer Wehrpflicht- zu einer Berufsarmee. Und erst jüngst wieder musste sich *die* Bundeswehr, ausgelöst durch tatsächliches und vermeintliches Fehlverhalten einzelner Soldaten, von einem Teil der Medien und der Öffentlichkeit vorhalten lassen, den Geist der Inneren Führung nicht verinnerlicht zu haben. Das Thema ist und bleibt also aktuell.

Wie nur wenige andere ist Prof. Dr. Donald Abenheim dazu berufen, über die innere Verfassung der Bundeswehr, den Zustand der Inneren Führung und die Verwirklichung des Leitbilds vom Staatsbürger in Uniform zu reflektieren. Er kann für sich in Anspruch nehmen, einer der besten Kenner der Materie zu sein, und dies sowohl aus der gesunden Distanz des Wissenschaftlers wie auch aus vielfältiger praktischer Erfahrung. Die Bundeswehr erlebte er »hautnah« bereits in den frühen 1980er Jahren, damals für einige Jahre im zivilen Verbindungsdienst der U.S. Army in Deutschland tätig. Parallel dazu entwickelten sich für den jungen Historiker Deutschland und die Bundeswehr zu einem Hauptgegenstand seines wissenschaftlichen Interesses. Als Schüler von Gordon A. Craig wurde er 1986 an der Stanford University in Kalifornien mit einer Arbeit über die Bundeswehr und ihre Tradition (»Reforging the Iron Cross«) promoviert, die bald auch in einer deutschen Übersetzung (»Bundeswehr und Tradition«, 1989) erschien. Noch heute gilt sie auf beiden Seiten des Atlantiks als ein Standardwerk zum Thema.

Durch seine Arbeit an der Dissertation lernte Donald Abenheim die geistigen Väter der Inneren Führung persönlich näher kennen, was ihn mittlerweile selbst schon zum Zeitzeugen macht. Sie brachte ihn darüber hinaus mit dem Militärgeschichtlichen Forschungsamt der Bundeswehr (MGFA) in Freiburg i.Br. in Kontakt. Hieraus entstand eine gegenseitige Verbundenheit, die den Umzug des Amtes nach Potsdam sowie seine Überführung in das Zentrum für Militärgeschichte und Sozialwissenschaften der Bundeswehr (ZMSBw) überdauerte. Unser Haus, wie auch die Bundeswehr insgesamt, hat er seitdem wiederholt mit seiner Expertise und seinem Engagement bereichert.

Nicht zuletzt ist Donald Abenheim ein verdienter »Transatlantiker«, gerade aus deutscher Sicht. In den 1990er Jahren war er Wegbereiter für ein noch heute laufendes Programm zur akademischen Fortbildung deutscher Generalstabsoffiziere an der Naval Postgraduate School (NPS) in Monterey, Kalifornien. Das dortige Department for National Security Affairs ist bis heute seine berufliche Heimat. Als Dozent für neuere europäische Geschichte und Spezialist für westliche Außen- und Sicherheitspolitik in Vergangenheit und Gegenwart hat er das Geschichtsbild und das politische Bewusstsein Hunderter Offiziere aller Teilstreitkräfte seines Landes und vieler ausländischer militärischer Gaststudenten mit geprägt. Auch höheren Ortes sind immer wieder sein Wissen und seine Erfahrung als erfahrener Vermittler zwischen den politischen und militärischen Kulturen innerhalb der NATO gefragt.

Das Thema des Staatsbürgers in Uniform beschäftigt Donald Abenheim nicht nur als Historiker und Wissenschaftler. Es berührt ihn zutiefst als politischen Menschen und überzeugten Demokraten. Im Selbstverständnis des Soldaten als Staatsbürger in Uniform sieht er einen Garanten für das Funktionieren von Streitkräften in der und für die Demokratie. Dieses Selbstverständnis zu bewahren und zu fördern, ist ihm ein besonders Anliegen. Sein Blick richtet sich dabei nicht nur auf Deutschland. Auch die Streitkräfte seines Landes sieht er dem Ideal des Staatsbürgers in Uniform verpflichtet. Entsprechend sensibel registriert er, wie diese Errungenschaft durch die weltpolitische Entwicklung und die gesellschaftlichen Veränderungen der letzten Jahrzehnte sowohl in den Vereinigten Staaten als auch in Deutschland erodiert und bedroht ist. Donald Abenheim hat sich deshalb im besten Sinne »eingemischt« und bei verschiedener Gelegenheit öffentlich seine warnende und mahnende Stimme erhoben.

Dieser Band enthält eine Auswahl seiner Beiträge der letzten Jahre zu diesem »brennenden« Thema. Um sie einem großen Leserkreis hierzulande besser zugänglich zu machen, wurden die englischen Originaltexte ins Deutsche übersetzt. Ich wünsche dem Sammelband, der sich durchaus eine Streitschrift nennen darf, die verdiente Aufmerksamkeit.

Dr. Hans-Hubertus Mack
Oberst und Kommandeur des Zentrums für
Militärgeschichte und Sozialwissenschaften der Bundeswehr

Geleitwort

Der Soldat, ob langdienend oder nur kurze Zeit in Uniform, ist auch ein Bürger, und das Zusammenwirken dieser zwei Zustände oder Funktionen mit ihren sehr verschiedenen Verpflichtungen kann Schwierigkeiten bereiten – für die betreffende Person, für die Organisation, für die Gesellschaft und für das Land. Wenn man weit genug in die Vergangenheit zurückgeht, stößt man allerdings auf die scheinbar selbstverständliche Tatsache, dass die Mitglieder eines Stammes auch seine Verteidiger sind. Aber sehr früh schon sonderten sich die Kämpfer vom Rest der Bevölkerung ab. In Deutschland stammten noch am Anfang des 19. Jahrhunderts sowohl die Offiziere wie die gemeinen Soldaten nur aus einigen definierten sozialen Gruppen, während der größte Teil der Gesellschaft nie Uniform trug. Mit der Französischen Revolution und dem *soldat citoyen* begann sich das zu ändern. Aber nicht nur aus sozialen, sondern auch aus technischen Gründen konnte sich dieser Wunsch nach Totalität nie allgemein und dauerhaft durchsetzen. Auch in zwei Weltkriegen blieb der Soldat in jedem der kriegführenden Länder eine Minorität, welche die Werte und Gewohnheiten der nationalen Gemeinschaft teilte und in ihre neue Existenz übernahm, die aber gleichzeitig durch ihre Aufgabe und Ausbildung, und nicht zuletzt durch den direkten und indirekten Gebrauch der Gewalt im Dienst zu einem besonderen Teil der Bevölkerung wurde.

Wenn es nur zahlenmäßig sehr kleine Gruppen betrifft, kann man die Mitglieder der bewaffneten Organisationen eines Landes vielleicht als Spezialisten behandeln, und man muss sich nicht darum kümmern, wie weit sie sich mit ihren politischen und sozialen Ansichten von ihren Mitbürgern isolieren – jedenfalls solange sie nicht einen Staatsstreich vorbereiten. Aber wenn heute die Männer und Frauen in Uniform, die als bewaffnete Macht die Politik ihres Landes vollstrecken, einen beträchtlichen Teil der Bevölkerung ausmachen, dann sind ihre Ansichten und Werte von höchster Bedeutung. Das gilt nicht zuletzt auch für ihr Verhältnis zu den Meinungen, Werten und Gewohnheiten der Gesamtbevölkerung, die sie in Uniform vertreten.

Wie dieses Verhältnis zum Vorteil beider Seiten – der Gesellschaft und ihrer Vertreter unter Waffen – zu stärken ist, und wie der eine Teil dem anderen nützen oder auch ihn stören kann, das ist das Thema dieses Buches. Schon auf den ersten Seiten wird ein zentrales Problem der geistigen Führung definiert. Weder die Bevölkerung als Ganzes noch ihr bewaffneter Arm sind feststehende, unveränderliche Kräfte – im Gegenteil. Ein Verdienst des Buches ist die sehr präzise Beschreibung der jüngsten kulturellen und politischen Entwicklungen sowohl in den Vereinigten Staaten wie in Europa aus der Perspektive eines qualifizierten Beobachters, der Historiker der neuesten Geschichte Europas sowie Lehrer an einer der Dienstakademien der Vereinigten

Staaten ist. Seine Darstellung zeigt, wie das ohnehin schwierige Verhältnis zwischen dem militärischen Dienst und der Bevölkerung noch komplizierter wurde.

Die jüngsten Ereignisse in Europa und in den Vereinigten Staaten, manchmal mit einiger Übertreibung eine populistische Revolution genannt – Großbritanniens Ausscheiden aus der Europäischen Union, die wachsende Stärke von rechtsextremen Parteien in verschiedenen europäischen Staaten, Trumps Wahl in den Vereinigten Staaten –, erschwert nicht nur eine einfache und klare Zusammenfassung der neuesten Geschichte Europas und Nordamerikas. Sie zeigt auch wieder, wie schwer es ist, nicht nur die Geschichte eines einzelnen Staates, sondern auch die Geschichte von Kontinenten als eine Entwicklung in einer bestimmten politisch-sozialen Richtung zu sehen und zu erklären. Der Siegeszug demokratischer Prinzipien ist oft unterbrochen und kann sogar, wie Deutschland erfahren musste, eine Zeitlang rückgängig gemacht werden. Politischer Fortschritt führt auch nicht unbedingt zur Verbesserung der wirtschaftlichen Lage der Bevölkerung, also zu etwas, was nicht wenigen mindestens ebenso viel bedeutet. Das Verständnis dieser Vergangenheit zu fördern, ist sicher eine wichtige Aufgabe im Rahmen der Inneren Führung. Man sollte aber nicht den Fehler begehen und versuchen, den Bürger, der zum Soldaten geworden ist und weiß, wie komplex und ungleich die Gesellschaft ist, mit einer glatten historischen Beschreibung in seinem staatsbürgerlichen Selbstverständnis zu stärken. Demokratische Prinzipien sind überzeugender, wenn sie nicht nur als erreicht, sondern zugleich auch als immer noch erstrebenswert erklärt werden.

Wie die Geschichte eines Landes nie geradlinig verläuft, so ist auch die Geschichte seiner Streitkräfte keine gerade Entwicklung vom Primitiven zu immer größerer Perfektion in Sachen Technik, Organisation und militärischer Operationsführung. Militärgeschichte ist bekanntlich nicht nur die Geschichte der Kriege zwischen Staaten, sondern auch der Konflikte zwischen dem Bekannten und dem Neuen im Militärwesen, und, um nur eine besondere politische Problematik zu erwähnen, auch der Konflikte über die Frage, welche Gruppen der Bevölkerung zum Militärdienst verpflichtet sind und welchen Gruppen die Wege in die höheren Ränge offen stehen.

Sicher kann man behaupten, dass gewisse Prinzipien – Mut, Disziplin, Kameradschaft – zu jeder Zeit in der Geschichte der bewaffneten Macht eines Landes vorhanden sind, aber doch wohl als Ideale, die auf verschiedene Art und mehr oder weniger erreicht und bewahrt werden. Mit allen ihren unvermeidlichen Besonderheiten und obwohl ihr Personal in gewisser Hinsicht eine Auswahl darstellt, sind Streitkräfte ein Spiegelbild der Bevölkerung, aus der sie sich rekrutieren. Dass das militärische Ausbildungssystem diese Verbindung akzeptiert, sie sogar erforscht und die mit ihr verbundenen Komplikationen und Konflikte offen behandelt anstatt sie zu verbergen, ist nicht nur für den einzelnen Bürger und Soldaten von Nutzen, sondern auch für das Militär, die Gesellschaft und das Land insgesamt.

Die Soldaten repräsentieren ihr Land und die Gesellschaft, aus der sie kommen, und zugleich den Truppenteil, dem sie angehören. Auch wenn sie kein besonderes Interesse am historischen Hintergrund ihres Dienstes haben sollten, kann ihre Wissens- und Meinungsbildung nur davon profitieren, wenn ihnen ein unparteiischer und klarer Überblick näherbringt, wie im Zuge einer konfliktreichen historischen Entwicklung die heute so oft betonten, manchmal wortlos vorausgesetzten

Ideale und Prinzipien entstanden sind. Auf diese Weise kann ein solcher Bericht den Soldaten – Männern wie Frauen – auch helfen, sich in den Gegenströmungen des Dienstes sowie des privaten und öffentlichen Lebens besser zurechtzufinden, und zwar zum Vorteil für alle drei.

Prof. Dr. Peter Paret
Professor emeritus für Neuere Geschichte
am Institute for Advanced Study, Princeton, NJ

Donald Abenheim

Bundeswehr, Tradition und Rechtsextremismus

Wir sind heute an einem Ort zusammengekommen, der für eine Tradition preußischer Tugenden steht, die den oft beschworenen »Geist von Potsdam« ausmachen.* Heute lösen alle diese Begriffe – »Tradition«, »preußische Tugenden« und selbst »Geist von Potsdam« – eine Kontroverse aus, die in der Vergangenheit begründet ist. Neben der ausgehenden Wilhelminischen Ära und der Zeit der Weimarer Republik geht es dabei vor allem um das Jahr 1933. Am 21. März jenes Jahres gaben sich der Gefreite des Weltkrieges und der alternde Feldmarschall, zu jenem Zeitpunkt Präsident der Ersten Republik, in der Garnisonkirche über der Gruft der Hohenzollernkönige die Hand, um das »Dritte Reich« zu gründen. Diese beiden Männer führten den Marsch der SA und SS zusammen mit den Regimentern der Reichswehr über die Breite Straße an. Es war der Beginn einer Parade militärischer und paramilitärischer Macht, die schließlich zwölf Jahre später in einem Bunker nahe der Voss- und der Wilhelmstraße in Berlin ihr Ende fand.

Doch der »Geist von Potsdam« in seinem ursprünglichen Sinn des 18. Jahrhunderts bedeutete auch die Einheit von Staat und Geist, wie sie am Hofe Friedrichs II. herrschte, wie sie in den Schriften Voltaires, in den Errungenschaften einer progressiven Politik beim Staatsaufbau sowie in der Integration verschiedener Bevölkerungsgruppen zum Ausdruck kam, die aus religiösen Gründen verfolgt wurden oder wegen der Überbevölkerung anderenorts hatten weichen müssen. Nicht zuletzt herrschte im damaligen Preußen eine bemerkens- und bewundernswerte Toleranz des Glaubens. Zum »Geist von Potsdam« des vergangenen Jahrhunderts gehören auch die bedeutenden Persönlichkeiten, die mit dem militärischen Widerstand gegen Hitler nach 1933 verbunden sind, der seinen Höhepunkt im Attentat vom 20. Juli 1944 fand. Diese Männer und Frauen gehören zu den historischen Vorbildern, die von der Bundeswehr der Bundesrepublik Deutschland geehrt werden.

Die Gründer der Bundeswehr selbst beriefen sich auf den »Geist von Potsdam« in seinem besten Sinn zur Förderung der politischen Kultur der Bundesrepublik Deutschland. Er sollte für die Soldaten der neuen Armee eine Quelle beruflichen Stolzes und Selbstvertrauens bilden. Zu diesem Projekt gehört es, die konkurrierenden Bedeutungen innerhalb eines demokratisch-bürgerlichen und ethischen Ideals

* Überarbeiteter Text eines Vortrages am 27. Januar 2011 im Militärgeschichtlichen Forschungsamt, Potsdam, im Rahmen einer Veranstaltung zum 66. Jahrestag der Befreiung des Konzentrationslagers Auschwitz.

von Führung, Befehlsgewalt, Erziehung und Ausbildung beherrschen zu lernen – ein fortwährender Prozess an sich. »Beherrschen« meint hier auch, die negativen wie positiven Assoziationen solcher Ideen zu verstehen, wie sie sich mit den Begriffen »Geist von Potsdam« und »Tradition« verbinden. Ein solches Unterfangen aber erfordert ein Studium und eine kritische Betrachtung der mit diesen Begriffen verbundenen Sachverhalte und Zusammenhänge – und angesichts des schwierigen und umstrittenen Themas mehr als nur ein wenig Courage.

Im Mittelpunkt der von diesen historischen Widersprüchen umgebenen Kontroverse stand der Traditionskult der neueren deutschen Geschichte und wie er zur politischen Waffe wurde und pathologische Züge annahm, besonders im Leben der Soldaten sowie im Charakter des Militärischen in Staat und Gesellschaft in Deutschland. Die von mir hier angeführten Beispiele – das heißt die Spannungen zwischen dem militärischen Erbe und der Geschichte von Staat, Gesellschaft und Kultur – enthalten das Versprechen und die Widersprüche nicht nur in Bezug auf soldatische Tradition, sondern auch hinsichtlich dessen, was den Nutzen oder vielleicht gar die Anwendung der neueren Geschichte auf die politischen Grundlagen zeitgenössischer politischer Institutionen betrifft. Dieses Problem eines gültigen Erbes und der Nutzung der Vergangenheit wird in einer Krisenzeit für die Demokratie, wie sie gegenwärtig festzustellen ist, besonders akut.

Aus sehr guten historischen Gründen denken Deutsche über Rolle und Wert von Tradition bei Soldaten nach, vor allem in solch wichtigen Institutionen wie den Streitkräften der Bundesrepublik, der Europäischen Union und, ich wage zu sagen, der NATO. Gleichzeitig besteht jedoch die Realität sowohl der Vergangenheit als auch der Gegenwart darin, dass der Begriff »Tradition« die Nutzung der Vergangenheit als Waffe für verachtungswürdige Ziele offenbart, die nichts gemein haben mit den Artikeln des Grundgesetzes, anderer Verfassungsdokumente der Europäischen Union und selbst des Washingtoner Vertrags, wie er sich seit 1949 entwickelt hat – das heißt den Grundlagen der gegenwärtigen deutschen Demokratie. Das gilt insbesondere dann, wenn er von Leuten der radikalen Rechten verwendet wird, die sich hier und anderswo auf diskreditierte Ideologien von Blut, Boden, Rasse, Reich und Militarismus stützen. Lassen Sie mich außerdem gleich deutlich machen, dass sich meine Verallgemeinerung über die radikale Rechte und den Missbrauch des soldatischen Erbes nur auf jene Personen bezieht, welche die verfassungsmäßige, politische und soziale Ordnung in Deutschland unterminieren und pervertieren, indem sie versuchen, das alte Reich oder einen Führerstaat zu restaurieren, der erneut rassische oder politische Feindbilder pflegt. Diese Unterscheidung ist wichtig, denn es ist nicht meine Absicht, alle, denen soldatische Ehre vielleicht etwas mehr als dem Normalbürger hierzulande gilt, mit den Extremisten in ein und dieselbe Kategorie zu stecken. Eine solch offenkundige Falscheinschätzung trüge nicht dazu bei, Klarheit in die vor uns liegenden komplexen Fragen zu bringen. Der Tradition des gelehrten Diskurses, der jede Demokratie und ihre Einrichtungen trägt, würde dies keine Ehre machen.

Aus diesem Grunde wurde ich von meinen Kollegen im Militärgeschichtlichen Forschungsamt (MGFA) gebeten, über einige Aspekte der Bundeswehr, über die soldatische Tradition in einem pluralistischen Staat und einer pluralistischen Gesellschaft sowie über Rechtsradikalismus in der Gegenwart zu sprechen. Mein Vorhaben bezieht sich auf die Bedeutung unseres Themas im weiteren Sinne, vor allem vor dem Hintergrund des politischen und strategischen Wandels in Mitteleuropa seit 1989/90. Hierbei geht es mir nicht so sehr um eine ideale Definition des Begriffs der militärischen »Tradition« und auch nicht so sehr um den Missbrauch der Tradition, der dem Begriff weiterhin, insbesondere bei Kritikern auf der linken wie auf der rechten Seite, einen gewissen negativen Beigeschmack verleiht. Ich werde mit Sicherheit nicht erneut die offensichtlichen Übel des Rechtsextremismus und seiner faschistischen, nationalsozialistischen und braunen Esoterik zusammenfassen. Das alles findet sich zur Genüge und in sehr reißerischer Manier im Internet, in Deutschland und seinen Nachbarländern und selbst in meinem Heimatland. Stattdessen möchte ich die Tradition des modernen deutschen Soldaten untersuchen, besonders in Verbindung mit dem Begriff der »Integration«. Mit anderen Worten: Ich möchte über das Wort des Jahres nachdenken und es daraufhin untersuchen, welche Bedeutung es im Jahre 2011 für die Tradition von Angehörigen des Heeres, der Marine und der Luftwaffe in Deutschland, in Europa und auch innerhalb der NATO besitzt.

Der Schatten des Hakenkreuzes

Der Schatten des Hakenkreuzes steht drohend über dem Erbe des deutschen Soldaten. Der Ursprung dieses Hakenkreuzes ist heute selbstverständlich nicht im Herzen und im Geist der deutschen Streitkräfte zu finden. Es entstammt vielmehr der »braunen« Wolke, die sich über Mitteleuropa und darüber hinaus bis nach Arizona immer dicker zusammengebraut hat, als Fortsetzung von Politik und Gesellschaft und bei einem Teil der Bürger, der noch immer an den eigentlich diskreditierten Ideen aus der Zeit zwischen 1933 und 1945 festhält. Daher bezieht sich diese Frage mehr auf die Zivilgesellschaft, die politische Kultur und die Vorstellungen, die man dort von der Rolle der Streitkräfte in Vergangenheit und Zukunft hat – ein Thema, das aus Gründen, die ich hier untersuchen möchte, nie aus der Mode kommt.

Eine Generation zuvor sagte Wolf Graf von Baudissin am Ende seines öffentlichen Lebens, das Problem der Tradition sei das traditionelle Problem der Bundeswehr. Das heißt, sobald man die Tradition des Soldaten oder die höchsten Ideale, Bräuche und Symbole erwähnt, findet man unter Skeptikern und Kritikern schnell die fixe Idee, die Streitkräfte hätten seit Langem eine undemokratische oder nazistische oder neonazistische fünfte Kolonne gebildet, und sie warteten nur den richtigen Augenblick ab, um sich Staat und Gesellschaft wieder aufzwingen zu können. Diese Kritik stellt weiterhin und typischerweise alle Männer und Frauen, die sich für den Militärdienst interessieren, unter den Generalverdacht, heimliche Nazis oder zumindest aufkommende Anhänger des Totalitarismus zu sein. Dieser simplifizierenden und abfälligen Sichtweise zufolge bewirkt die Bewahrung militärischer Tradition, dass orientierungslose junge Menschen durch eine implizite oder explizite Verherrlichung der Wehrmacht, die angeblich in der gesamten militärischen Traditionspflege tendenziell unvermeidlicherweise angelegt sein soll, mit Nazigedankengut infiziert werden. Allein die Bewahrung traditioneller soldatischer Symbole, Bräuche, Insignien und

Militaria ist dieser Auffassung nach ein sicheres Zeichen für die perfide Sehnsucht nach einer Wiederauferstehung eines totalitären Reiches.

Dieser Schatten des Hakenkreuzes sagt vielleicht mehr über das politische, soziale und historische Weltbild seiner Verfechter in unserer Gesellschaft und Kultur aus als über das Leben in den Streitkräften hier und heute. Das gültige Erbe des deutschen Soldaten beginnt und endet natürlich weder mit der Wehrmacht im Nationalsozialismus noch mit der propagandistischen Sicht auf das Erbe des deutschen Soldaten, wie sie von Goebbels und anderen in der Zeit des totalen Krieges zum Ausdruck gebracht wurde. Vielmehr haben deutsche Soldaten und Zivilisten mit großer Anstrengung und viel Überlegung in mehr als fünfzig Jahren ein gültiges militärisches Erbe gestaltet, das nicht nur fundierte Konzepte von Führung, Moral, Disziplin und Gehorsam beinhaltet, sondern auch die effektive Integration des Soldaten in einen pluralistischen, demokratischen Staat, seine Gesellschaft und in eine vereinte euro-atlantische Welt.

Und dennoch: Der Schatten besteht angesichts immerwährender Konflikte, Wirtschaftskrisen und sozialer Verwerfungen weiter. Tatsächlich scheint dieser Schatten dunkler, je weiter man von Deutschland entfernt ist und je weniger man über die Bundeswehr weiß. Insofern besteht ein Gegensatz zu den spannenden Geschichten über den Zweiten Weltkrieg in jenen Ländern, in denen die Erinnerung an den Krieg eine große Rolle im nationalen Selbstbild spielt – also im Vereinigten Königreich und in meinem Land. Dort genießt die Karikatur des mehr oder weniger preußischen deutschen Soldaten weitaus größere Aufmerksamkeit als die Leistungen des deutschen Militärs beim erfolgreichen Aufbau einer Armee für das demokratische Deutschland im Laufe der Jahrzehnte. So haben etwa YouTube und das World Wide Web insgesamt einige merkwürdige »braune« und »feldgraue« Ecken, in denen Rechtsextremisten die Propaganda des »Dritten Reiches«, etwa die Dokumentarfilme von Leni Riefenstahl oder die Deutsche Wochenschau, aufbereitet und zum Fetisch erhoben haben.

Die Mehrzahl der Leute mit neonazistischer Weltanschauung, die solches Material bereitstellen, ist weder deutsch noch alt genug, um den Krieg oder seine unmittelbaren Folgen erlebt zu haben. Obwohl sie auf den Schatten des Nationalsozialismus und die Korrumpierung des militärischen Berufs im 20. Jahrhundert eingehen, kann man nicht sagen, dass sie die »Tradition« repräsentieren – oder überhaupt verstehen. Dennoch zelebrieren sie diese vorgeblich aus Gründen, die faktisch nichts mit dem tatsächlichen Geist und dem wahren Leben dieser Armee in diesem Land zu tun haben. Ihre Präsenz zwingt uns jedoch zu untersuchen, warum und wie es der Bundeswehr so erfolgreich gelungen ist, dieses Klischee zu zerstören, insbesondere bei ihrer Suche nach einem gültigen Erbe.

Die Wertebrücke

Die substanzielle Diskussion des gültigen Erbes des heutigen deutschen Soldaten unterstreicht die Kernprinzipien der politischen Kultur seiner großen Nation und ihrer hervorragenden Armee – und dient dazu, in der Europäischen Union und der

NATO an ihren wahren Auftrag zu erinnern, nämlich angesichts der Realität der Macht bestimmte Werte hochzuhalten. Tatsächlich würde ich diese Suche nach einer nutzbaren Vergangenheit auf der Grundlage des Grundgesetzes als das Licht bezeichnen, das diesen braunen Schatten vertreibt. Was meine ich damit?

Ich beziehe mich auf die Art und Weise, in der diese zivil-militärische Suche nach einer gültigen soldatischen Tradition im Rahmen des demokratischen Staatswesens miteinander streitende politische Gruppen in der deutschen Gesellschaft insgesamt beschäftigt. Dies steht den Dogmen eines Kultes gegenüber, bei dem eine Kaste, Machtelite, politische Partei oder herrschende Klasse andere gesellschaftliche Gruppen an den Rand gedrängt oder entrechtet haben, um eine monolithische und eigennützige »Tradition« zu verhängen, wobei die historische Wahrheit oft absichtlich verzerrt wurde. »Tradition« darf also nicht zum Schlagwort für eine politische oder gesellschaftliche Gruppe werden, die ihre Position in einem pluralistischen Deutschland und Europa abgrenzen und kontrollieren möchte, indem sie vor allem eigennützig Mythen und Legenden pflegt, zu denen auch ein Feindbild gehört. Mit anderen Worten: Das Maß des gültigen Erbes ist die Fähigkeit der militärischen Tradition, als ein Mittel der Integration in Staat und Gesellschaft zu dienen und auf diese Weise sogar in das internationale Staatensystem einzuwirken, ohne dabei die notwendige Beherrschung des militärischen Handwerks zu vernachlässigen, was die besondere Berücksichtigung der Belastungen des Soldaten im Gefecht einschließt. Soldaten in Deutschland haben gleichsam ein Recht auf Tradition, das dazu beiträgt, das notwendige soldatische Selbstvertrauen, einen Korpsgeist sowie ein Ehrgefühl herauszubilden, wie dies in Großbritannien, Frankreich, Polen oder der Tschechischen Republik der Fall ist. Dafür benötigen die Soldaten die Mitwirkung der Zivilgesellschaft, selbst wenn sie manchmal mit ungerechter oder gar falscher Kritik an einzelnen Aspekten des militärischen Lebens gepaart ist. Keine Organisation im öffentlichen Leben einer Demokratie ist immun gegen derartige Kritik – ein Schicksal, das Soldaten mit anderen Berufsgruppen in Politik oder Staat teilen.

In den Armeen Mitteleuropas bedeutet »Tradition« die Überlieferung von Werten, Normen und Symbolen, die Generationen verbinden und für Soldaten wie Zivilisten »eine Brücke zwischen Vergangenheit und Zukunft schlagen«. Diese Aussage steht in den Traditionsrichtlinien, die vor fast dreißig Jahren vom Bundesministerium der Verteidigung veröffentlicht wurden. Die Innere Führung ist der Kern der sogenannten bundeswehreigenen Tradition, eine von drei Säulen der Tradition in der Bundeswehr. (Die beiden anderen sind die preußischen Reformen von 1807 bis 1819 und das Attentat vom 20. Juli 1944.) Heute scheint mir diese bundeswehreigene Tradition die wichtigste Säule zu sein. Das war anders, als ich Ende der 1970er Jahre als Doktorand zum ersten Mal etwas über deutsche militärische Traditionen erfuhr. Das Herzstück der Inneren Führung wiederum bildeten und bilden das Grundgesetz, vor allem sein Artikel über Menschenwürde, sowie die politischen Rechte und Werte des Staatsbürgers und die Auffassung vom militärischen Dienst innerhalb der Grenzen soldatischen Gehorsams.

Die Integration des Soldaten erfolgt in den Staat, die Gesellschaft und die internationale Gemeinschaft, sei es durch das Parlament, wie seinerzeit bei der

Gründung der Bundeswehr, oder jüngst im Rahmen der Bundeswehr im Einsatz, oder sei es auch nur über das Medium Internet. Die Auswahl von hierfür gültigen Normen, Werten und Symbolen und der Brückenschlag zwischen ihrer Bedeutung in Vergangenheit und Gegenwart stehen darüber hinaus für eine Tradition des politischen Lebens in Deutschland. Das schließt die Widersprüche in Politik, Gesellschaft und Kultur sowie das darin enthaltene desintegrative Potenzial ein. Im Mittelpunkt steht die Aussage, dass die Scheidung zwischen gültiger und ungültiger soldatischer Tradition gemäß den lebendigen Prinzipien des Grundgesetzes erfolgen muss, und nicht aufgrund eines Kodex sogenannter zeitloser soldatischer Werte, die keinerlei Verbindung zur Gesellschaft aufweisen. (Niedrigere Maßstäbe als diese führen dazu, dass Zivilisten militarisiert und ihrer verfassungsmäßigen Rechte beraubt, während gleichzeitig die Soldaten in ein selbstgeschaffenes Ghetto verbannt werden.) Ein solches gültiges Erbe kann aufgrund der natürlichen Pluralität der Meinungen kaum für alle deutschen Soldaten und Zivilisten identisch sein. Dennoch waren das westdeutsche Verteidigungsministerium und die vielen intelligenten wie umsichtigen Personen in Militär, Staat und Gesellschaft mit ihrem jahrzehntelangen Bemühen um eine geeignete Definition durchaus erfolgreich. Dies fand seinen Niederschlag in der Formulierung von Traditionsrichtlinien, vor allem aber dadurch, dass sie überhaupt eine Debatte angestoßen, ermöglicht und geführt haben. Und genau darum geht es im Interesse eines integrativen Ethos und einer Tradition, die hieraus erwächst.

Vom Ideal dieser Tradition der Integration erfuhr ich durch den verstorbenen General Ulrich de Maizière, der mich zu Beginn meiner Laufbahn beruflich unterstützte. Er wies mich damals und auch später darauf hin, dass die Bundeswehr in mindestens zweifacher Hinsicht eine Kraft der Integration sei. Beides sei für ihren Erfolg als eine Institution in der demokratisch-politischen Kultur eines vereinten Deutschlands und eines vereinten Europas sehr wichtig. Die zweifache Integration besitzt einen innenpolitischen und einen internationalen Aspekt. Hinsichtlich des ersteren ist festzustellen, dass der Bürger der Bundesrepublik Deutschland in einer Armee gedient hat, die in einen demokratischen Staat integriert ist. Dieser hat durch sein Parlament den militärischen Berufsstand mit verfassungsmäßigen Rechten versehen, während sich andererseits die Berufssoldaten selbst in eine pluralistische Gesellschaft, mit all ihren Vor- und Nachteilen, integriert haben. Der Staatsbürger in Uniform hat weder in einer – wie sie fälschlicherweise immer wieder bezeichnet wird – »demokratischen Armee« gedient, noch in einer Armee, die als »Staat im Staate« gelten kann, und schon gar nicht in einer Armee, die einer totalitären Ideologie dient und deren Angehörige ihrer Bürgerrechte beraubt sind. Zwar stellt das Militär bei Weitem nicht die einzige Schule demokratischer Staatsbürgerschaft dar, wie Einige noch Ende der 1960er Jahre forderten. Ungeachtet dessen hat die integrative Kraft des Staatsbürgers in Uniform, zumal unter den Vorzeichen einer Parlamentsarmee und eines pluralistischen Staates, die politische Kultur und den Institutionenaufbau in einer Weise befördert, wie es den deutschen Liberalen und Sozialisten des 19. und frühen 20. Jahrhundert noch verwehrt war. Das Ausmaß dieses Erfolgs zeigte sich vor zwei Jahrzehnten im Zuge der deutschen Wiedervereinigung bzw. in der Rolle der Bundeswehr als »Armee der Einheit«, also bei der Integration der neuen Bürger in die bestehende Bundesrepublik.

Der zweite Aspekt dieser Tradition der Integration ergibt sich aus dem, was man als die kosmopolitische Erscheinung des deutschen Soldaten bezeichnen möchte. Sie ist ein Ergebnis jahrzehntelangen Dienstes im Ausland, in integrierten militärischen Strukturen und internationalen Organisationen. Man muss nur den Luftwaffenstützpunkt Holloman in New Mexico (wo U.S. Air Force und Luftwaffe gemeinsam stationiert sind) besuchen, um diese Feststellung durch die Realität bestätigt zu sehen. Oder, meine Damen und Herren, Sie besuchen mein Seminar an der Naval Postgraduate School (NPS) in Monterey, Kalifornien, wo Bundeswehroffiziere regelmäßig sehr gute akademische Abschlüsse erzielen – und daneben auch durch die örtliche Bevölkerung von Cannery Row über Las Vegas bis zum Grand Canyon viel Anerkennung finden. Ohne diese internationale Integration der deutschen Soldaten in die größere euro-atlantische Welt und ihre Werte würde ich heute nicht vor Ihnen stehen. Diese Tradition eines kosmopolitischen Soldaten ist der Grund dafür, dass ich den Soldaten der Bundeswehr, die seit mehr als drei Jahrzehnten meine Mentoren, Kollegen und Freunde sind, in tiefer persönlicher Zuneigung, ja, in Seelenverwandtschaft verbunden bin. Es ist auch diese Tradition, die den deutschen Soldaten von heute mit den hervorragendsten Vertretern der deutschen Aufklärung verbindet, deren Geist im Potsdam des 18. Jahrhunderts beheimatet ist. Doch ist der Begriff des »Kosmopoliten« oder »Weltbürgers« in einem weiteren und gegenwärtig umstrittenen Sinn mit der Integration von Gesellschaft und Werten verbunden. Dem möchte ich mich im Folgenden zuwenden.

Die Tradition der Integration

Erlauben Sie mir, meine Überlegungen zur Frage der soldatischen Tradition der Integration anhand der Biografie des Schriftstellers Joseph Roth (1894–1939) zu entwickeln. Vorweg schicken muss ich, was mir ein bedeutender Historiker und mit Potsdam verbundener Mann, Prof. Dr. Klaus-Jürgen Müller, gesagt hat. Sein Buch über »Das Heer und Hitler« (1969) hat für meine intellektuelle Entwicklung eine wichtige Rolle gespielt. Als ich ihn schließlich 2007 in Potsdam anlässlich der Feier des 50-jährigen Bestehens des Militärgeschichtlichen Forschungsamtes traf, ermahnte er mich, in meinen Unterricht zur deutschen Militärgeschichte immer das Habsburgerreich einzubeziehen. Als Zeichen meines Respekts vor ihm, aber auch weil ich viel Zeit an der österreichischen Landesverteidigungsakademie in Wien verbringe, und nicht zuletzt weil ich eine Slowakin aus Bratislava (Pressburg/Pozsony) geheiratet habe, würde ich gerne einen Blick über die Donau werfen. Schließlich sollten wir beim Nachdenken über Integration und Tradition auch beachten, welche Gefahren diesen beiden Werten von Feinden am rechten äußeren Rand der heutigen Politik in Mitteleuropa drohen.

Joseph Roth gehört mit Sicherheit nicht zum Traditionskanon der Bundeswehr. Er zählt weder zu jenem Teil des preußischen Adels und Bürgertums, der nach 1806 den preußischen Staat modernisierte, noch war er ein Mann des »20. Juli 1944« im eigentlichen Sinne. Sein Tod im Jahre 1939 bedeutete, dass er nicht am Wiederaufbau Europas nach dem Zweiten Weltkrieg teilnehmen konnte. Gleichwohl sind seine

Prosa und Weltanschauung zum festen Bestandteil der deutschen Kultur geworden. Seine politische Auffassung passt nicht in die gegenwärtige Bundesrepublik, da er von links nach rechts geschwenkt ist. In diesem Schwenk spiegelten sich sein berufliches Leben und seine persönlichen Missgeschicke in den 1920er und 1930er Jahren wider.

Doch Roth war ein Mann mit bemerkenswerten Fähigkeiten als Schriftsteller und ein genauer Beobachter der politischen und gesellschaftlichen Welt seiner Zeit, zu denen auch der Kosmos des Soldaten und die Kraft dynastischer und soldatischer Traditionen in Staat und Gesellschaft gehörten. Seiner jüngsten Biografie zufolge diente er nicht ohne Stolz als Soldat im Ersten Weltkrieg, ungeachtet des Leidens und der Entbehrungen im Krieg und seiner Bitterkeit wegen der Kriegsniederlage. Sein Schrifttum wie auch seine Lebenserfahrung weisen ihn als ein Musterbeispiel für das Versprechen von Integration aus, ebenso für die Gefahren mangelnder Integration, schließlich auch für die Transformationsfähigkeit von Tradition in all ihren Widersprüchen, wenn sie mit den historischen Tatsachen konfrontiert wird.

Roths Schriften über das Wesen von Tradition, Staat, Gesellschaft, Kultur und Staatsbürgertum, das Leben echter Soldaten und die Rolle der Außenseiter haben uns heute noch genauso viel zu sagen wie den Zeitgenossen Roths. Sein 1932 veröffentlichter Roman »Radetzkymarsch« erzählt indirekt die Geschichte der habsburgischen Monarchie von den 1850er Jahren bis zum Ende der Monarchie 1918. Die eigentliche Erzählung gilt den letzten drei Generationen der Familie Trotta, einer habsburgisch-slowenisch-mährischen Familie des Kleinadels. Der Roman geht dabei den traditionellen militärischen Werten wie Tapferkeit, Ehre, Pflicht und Kameradschaft nach. Ihn interessiert speziell das Schicksal dieser militärischen Tugenden in der Generationenfolge habsburgischer Soldaten und Beamten in ihrer Bindung an Kaiser Franz Joseph, sein Militär und seine Staatsverwaltung. Der Roman nimmt es mit den historischen Ereignissen um die Schlacht von Solferino im Jahre 1859 nicht so ganz genau, um im Interesse der Handlung eine bestimmte dynastische und militärische Tradition entwickeln zu können. Roth zeigt die Auswirkung dieser Ereignisse auf das Leben der Familie Trotta sowie ihre Rezeption durch den »Helden« der Familie, der sich in der Schlacht ausgezeichnet hat, aber auch durch dessen Nachfahren. Auf den ersten Blick enthält der Roman eine sehr skeptische Sicht auf den Gebrauch der Vergangenheit zum Zwecke der Traditionsbildung als politischer Kraft. Dennoch begrüßt der Autor die Fähigkeit der österreichisch-ungarischen Doppelmonarchie zur Integration von Nationalitäten und Volksgruppen in ein großes Ganzes als deren überragendes Erbe. Als Jude aus einer ostgalizischen Provinzstadt wusste Roth einiges über das Versprechen bürgerlicher und gesellschaftlicher Integration.

»Radetzkymarsch« wurde gegen Ende der Weimarer Republik veröffentlicht, in der Roth seine Reputation als Journalist und Autor von Kurzgeschichten und Romanen erwarb. An dem Tag, als Hitler Reichskanzler wurde, emigrierte Roth nach Frankreich. Man könnte den Roman in gewisser Weise als Ausdruck eines naiven, sentimentalen Traditionskults und einer ungebührlichen Vorliebe für den verblassten Ruhm verschwundener Dynastien ansehen. Diese Vorliebe nahm sowohl im Österreich der ersten Republik als auch in der Weimarer Republik für alle Betroffenen – und gerade für Roth – ein schlimmes Ende. Natürlich denkt man dabei an den

Geist von Potsdam des 21. März 1933 – und nimmt es als Hinweis darauf, dass Roths Geschichte keineswegs die Dolchstoßlegende eines alten Monarchisten ist.

In der Tat wäre es zu einfach, die mitteleuropäische Tradition der Doppelmonarchie, wie sie von Roth interpretiert wurde, mit dem Friedrichskult zusammenzufassen, der zur gleichen Zeit in Preußen wirkte und den Nazis ein nützliches Werkzeug bot, um die Vergangenheit zu verfälschen. Zum einen hatte Roths Trauer für den kurz zuvor verstorbenen habsburgischen Kaiser viel mit dem Versprechen zu tun, das ihm die Zugehörigkeit zum Kaiserreich und dessen Kultur bot. Es betraf ihn sowohl als talentiertes Individuum wie auch als Vertreter einer Teilbevölkerung und eines supra-nationalen und damit letztlich nicht-nationalen Gedankens. Während einerseits die Juden, insbesondere aus Galizien, im Laufe der Jahrhunderte oft behördlicher Diskriminierung und physischer Gewalt ausgesetzt waren, fand gleichzeitig, Schritt für Schritt, das Bemühen um die Integrationsziele der Aufklärung seinen Höhepunkt in der (staats-)bürgerlichen Gleichberechtigung der österreichischen Juden. Treue gegenüber dem Kaiser und den Werten des Kaiserreichs bedeutete, zumindest in der Theorie, dass Juden alle sozialen Leistungen (und Pflichten) offen standen. Möglicherweise hegte Franz Joseph dieselben »modischen« antisemitischen Vorurteile, die zur Jahrhundertwende in einem großen Teil Mitteleuropas verbreitet waren. Doch wollte er die Modernisierung von Staat und Gesellschaft fortsetzen, die Joseph II. begonnen hatte. Als der »neue Besen«, der Judenhetzer und Populist Karl Lueger, 1895 die Bürgermeisterwahlen in Wien gewann, verweigerte ihm Franz Joseph bezeichnenderweise mehr als zwei Jahre lang die Bestätigung. Wie viele habsburgische Juden war Roth dankbar für die Chance, in die Reihe bedeutender Männer der Doppelmonarchie aufsteigen zu können (die ihre Stellung im Übrigen oft eigener Leistung verdankten). Durch dieselbe Dynamik wurde Roth zum Symbol für das, was die Nazis und andere Gegner der Juden und deren gesellschaftlicher Integration an den »Außenseitern« hassten, die das kulturelle Gefälle zwischen den »Steppen Asiens« und den protzigen Vierteln von Berlin und Wien überwunden hatten. Das Hassobjekt war der sogenannte Ostjude, dem es gelungen war, Bart und Kaftan gegen die Kleidung der Mittelklasse sowie städtische Manieren und Anerkennung einzutauschen. Sein Erfolg in der kosmopolitischen Welt des literarischen Wien und Berlin machte die Nationalsozialisten noch argwöhnischer in der Frage von Integration und Identität sowie gegenüber dem Geist der Aufklärung insgesamt, mit all ihren freiwilligen und werteorientierten Grundlagen. Rechtsextremisten von damals und heute bestreiten den Anspruch auf soziale Zugehörigkeit, den Roth oder jemand wie er erheben konnten. Sie verschmelzen Staatsbürgertum und Nationalität/Ethnizität miteinander und betrachten Letztere als unbedingt exklusiv. Roth konnte mit der nationalistischen Politik seiner Zeit wenig anfangen. Der Zionismus verwirrte ihn genauso wie ihm der zugespitzte Populismus zur Zeit des Ersten Weltkriegs als »un-habsburgisch« und unwürdig erschien. Seine Loyalität galt dem Kaiserstaat, der ihm gestattete und ihn ermutigte, die vorhandenen Möglichkeiten zu nutzen.

Es ist angebracht, ein Wort über Roths Dienst für diesen Staat zu verlieren, der als Schlüsselhinweis auf gelebtes Staatsbürgertum gelten kann. Roth kam 1914 nach Wien, um Germanistik zu studieren, als gerade der Erste Weltkrieg ausbrach. Er wurde nicht sofort Soldat, obwohl er anscheinend die damals weit verbreitete Zustimmung zu diesem Krieg teilte. Wie viele andere gebildete Personen und Angehörige des Literaturbetriebs, die nun Uniform trugen, wurde er 1916 Presseoffizier. Damit setzte ihn die Doppelmonarchie in geschickter Weise in einem Aufgabenbereich ein, den man heute als *strategic communication* bezeichnet. Eine solche Verwendung wird oft als weniger wichtig im Vergleich zum Dienst an der Front abgetan – was sich übrigens gerade im Fall Roths als falsch erwies. Doch wurde sie dem Bedarf der Armeen im Zeitalter von Massenpolitik und Massenkommunikation durchaus gerecht. Später, nach dem Krieg, neigte Roth dazu, seine militärische Biografie mit einigen frei erfundenen Ereignissen aufzuwerten. Dies sollte uns nicht übermäßig belasten, da er damit nicht allein steht. Andere Soldaten und Zivilsten, auch in Deutschland und in den Vereinigten Staaten, haben Ähnliches getan und gleichzeitig vorgegeben, die Tradition des Soldaten zu ehren. Man könnte in Roths Übertreibungen auch noch etwas von dieser Sehnsucht nach einem vergangenen Kaiserreich und Gesellschaftssystem herauslesen – und den stillen Wunsch, dass mehr hätte getan werden können, um beides zu erhalten. Wie dem auch sei: Roth war tatsächlich Soldat und erlebte den Krieg an der Ostfront. Er hielt die Kämpfe und die Erfahrungen seiner Kameraden in Nachrichten und Gedichten von der Front fest. Diese Schriften verleihen jener Zeit für immer eine Stimme.

Für uns am bedeutsamsten ist die Tatsache, dass Roth überhaupt Militärdienst geleistet hat. Von diesem Umstand gehen nicht minder bedeutsame Anstöße aus, über den Soldaten an sich wie auch über das nachzudenken, was ich als Tradition der Integration bezeichne und als Teil des gültigen Erbes der Bundeswehr von heute betrachte. Meine Überlegungen beschäftigen sich mit einem Thema, bei dem man normalerweise eine Linie von den preußischen Reformern zu den Männern und Frauen des »20. Juli 1944« zieht, während um die Jahre zwischen 1914 und 1945 ein Bogen gemacht wird. Hierin Roth und seinen Militärdienst sowie sein literarisches Andenken einzubeziehen, mag provokativ erscheinen, da sein Fall für unser heutiges Thema offenbar wenig zu bieten hat. Schon um Missverständnisse zu vermeiden, lassen Sie mich deshalb ganz deutlich sagen: Ich schlage nicht vor, die dynastische Tradition der Habsburger, wie sie von einem ihrer talentiertesten Beobachter zu Beginn des 20. Jahrhunderts interpretiert wurde, als vierte Säule in den Traditionskanon der Bundeswehr aufzunehmen. Das Erbe der Habsburger wird natürlich bereits von meinen österreichischen Kollegen beansprucht. Doch handelt es sich um eine Tradition, die mit Sicherheit mehr als nur die Einwohner des heutigen Österreichs angeht. Ich beziehe mich auf Roth und den »Radetzkymarsch«, um verschiedene Punkte deutlich zu machen.

Erstens bleibt die Tradition der Integration europäischer Völker eine wichtige Aufgabe von Politik, Führung und Verteidigungsorganisationen in Gegenwart und Zukunft. Hinsichtlich dieser Aufgabe hat uns die Vergangenheit etwas zu sagen, und dies tut sie unter anderem in der wunderbaren deutschen Prosa von Joseph Roth. Die Bundeswehr hat im Rahmen der europäischen und nordatlantischen Tradition der Integration bereits einen bewundernswerten Standard gesetzt, wo es um Volksgruppen und Menschen geht, deren Herkunft außerhalb des Bereichs liegt, den eingefleischte Nationalisten und Rechtsradikale als »kultivierte und zivilisierte Gesellschaft« bezeichnen.

Zweitens: Roths Hoffnungen und Enttäuschungen stehen in Bezug auf die soldatische Tradition im klaren Widerspruch zur Deformation der Tradition und des Soldatentums durch die Nationalsozialisten. Bezeichnenderweise standen deshalb auch seine Bücher auf Goebbels »schwarzer Liste« und wurden im Mai 1933 öffentlich verbrannt. Sein Bild der soldatischen Tradition unterscheidet sich insbesondere von den Vorstellungen über das vermeintlich heute richtige und gültige Erbe der Wehrmacht, die einige Neonazis, braune Esoterik-Fanatiker oder andere Rechtsradikale besitzen. Lassen Sie mich von diesem Punkt aus zu konventionelleren Definitionen der soldatischen Tradition in der Bundeswehr kommen und schließlich mit einer Warnung enden, was die Zukunft und unsere Aufgabe angesichts der heutigen und künftigen Herausforderungen betrifft.

Missverständnisse bei der Suche nach Tradition

Die Suche nach einer gültigen soldatischen Tradition gehört zur Ideengeschichte des Militärs in Deutschland vom 18. Jahrhundert bis zur Gegenwart – und damit zu einem weiteren bemerkenswerten Erbe, das wir ebenfalls hochhalten sollten. Doch die Verwendung des Begriffs »Tradition« in Verbindung mit Soldaten und zivil-militärischen Institutionen, wie wir sie kennen, ist wesentlich jüngeren Datums. Man wird in den Annalen des ausgehenden 18. und des beginnenden 19. Jahrhunderts vergebens nach einem einzigen, kompakten Kodex zur soldatischen Tradition suchen, der irgendeine Ähnlichkeit mit den Richtlinien des Bundesministers der Verteidigung von 1982 aufweist. Die umfassende Verwendung des Begriffs »Tradition« durch Soldaten und Zivilisten in diesem Land hat ihren Ursprung eher im ausgehenden 19. und beginnenden 20. Jahrhundert. Vorher folgten die Werte und Symbole, die wir mit soldatischer Tradition verbinden, einem Verständnis von Pflichterfüllung, Erziehung und Ausbildung, das der ständisch-dynastischen Gesellschaftsordnung jener Zeit entsprach. Darüber hinaus sind die Kriterien für das »gültige« militärische Erbe in der jüngeren deutschen und europäischen Geschichte infolge der schnellen Veränderungen in Politik und Gesellschaft sowie angesichts von Krieg und Gewalt nicht statisch geblieben.

An diesem Punkt ist eine weitere Betrachtung erforderlich. Mit ihr verbindet sich Kritik an bemerkenswerten Missverständnissen in Zusammenhang mit soldatischer Tradition. Viele Menschen begreifen die Geschichte militärischer Tradition nicht als Merkmal einer demokratischen, zivil-militärischen Integration in der Bundesrepublik. Für sie ist das soldatische Erbe nicht durch geistige Werte, sondern durch Gegenstände wie etwa Militaria – und damit negativ – definiert. In dieser Denkschule verkörpert die Bundeswehr einen »Bruch mit der Tradition«. Manch einem ist die Bundeswehr mit ihrem »Arsenal« an Insignien und Bräuchen als Ausdruck soldatischer Werte nicht »preußisch« genug: Ihr Wachbataillon stellt an der Straße Unter den Linden keine Wache, wie das 1914 oder 1943 und – mit der Nationalen Volksarmee der DDR – sogar noch 1988 der Fall war; der Dienstanzug ist nicht mehr feldgrau, sondern basaltgrau; Soldaten sprechen ihre Vorgesetzten nicht mehr in der dritten Person an; sie tragen zu ihrer Ausgehuniform kein glänzendes

Seitengewehr mehr am Koppel; es gibt keine Parademärsche mehr, und wenn man eine Bundeswehrfeier besucht, hört man meist mehr Kammermusik als Märsche von Johann Gottfried Piefke – oder, noch schlimmer, die Märsche sind von John Philip Sousa, dem US-Militärkapellmeister schlechthin. Nach dieser beschränkten, aber weit verbreiteten Sichtweise erschöpft sich die Tradition ausschließlich in Bräuchen, Zeremonien, Abzeichen und Insignien sowie andere Äußerlichkeiten des soldatischen Lebens und des Kasernenalltags.

Bitte verstehen Sie mich nicht falsch: Deutsche Soldaten verdienen natürlich solche Symbole und Zeremonien nicht weniger als die Streitkräfte der demokratischen Nachbarn Deutschlands. Es wäre jedoch falsch, diesen Dingen einen geradezu magischen und größeren Wert beizumessen als den Kernprinzipien und Traditionen einer Armee in der Demokratie, die in die politische Kultur der Bundesrepublik und eines vereinten Europas eingebunden ist. Die äußeren Aspekte des Kasernenalltags sind für einige Skeptiker der Inneren Führung das Maß für »zeitlose soldatische Werte« – ganz ähnlich dem, was man in den Vereinigten Staaten oft als *code of the warrior* bezeichnet, der bewusst im Widerspruch zu einer weichen, pluralistischen Gesellschaft gesehen wird. Im Kern verkörpert diese Idee das unglückliche (und typischerweise undemokratische) Zusammentreffen von Kulturpessimismus und militärischer Romantik.

In gleicher Weise besitzt die Bundeswehr für jene, die ihre Geschichte und Tradition als Kraft der Integration sowie darüber hinaus die deutsche Geschichte insgesamt nicht wirklich kennen, nur eine Scheintradition, weil sie weder die Wehrmacht als Institution noch deren Angehörige ehrt. Dieses Bild von der Wehrmacht ist übrigens charakteristisch für die angelsächsische Perspektive (wie man an den Biografien englischsprachiger Autoren über Rommel oder über Soldaten der Waffen-SS gut sehen kann), die sich aus Wochenschauen und antiseptischen Berichten über die Vergangenheit speist, in denen die taktische Ebene des Krieges dominiert und die Streitkräfte in einer eigenen Sphäre isoliert von Gesellschaft und politischer Kultur existieren. Für jene, die im Interesse ihrer politischen Fantasien das Grundgesetz der Bundesrepublik Deutschland entsorgen möchten, wird diese keimfreie und naive Version der Wehrmacht zum Maßstab für eine militärische Professionalität, der die Innere Führung als mangelhaft oder gar als schädlich gilt. Mit ihrer an Samuel Huntington erinnernden Vision vom perfekten Soldaten, der über und außerhalb der politischen Kultur und einer pluralistischen Gesellschaft steht, hielt diese Art feldgrauer Professionalismus an Normen fest, die nicht im Entferntesten als ideal bezeichnet werden können.

Wie sich herausstellte, wurden die Veteranen der Wehrmacht durch eine Entwicklung zu Staatsbürgern der Bundesrepublik Deutschland, die für den Frieden und Wohlstand, den wir gegenwärtig genießen, historisch nicht unbedeutsam ist. Zwar waren seinerzeit, als die Bundeswehr Gestalt annahm, die Veteranen von Wehrmacht, Waffen-SS und Hitlerjugend nur teilweise in die noch unerprobte westdeutsche Demokratie integriert. Zu jener Zeit herrschte die Angst, die Bundeswehr könnte der Wiederbelebung der »unpolitischen« und antidemokratischen Reichswehr oder – noch schlimmer – als Werwolf-Organisation dienen und damit in jedem Fall die junge Demokratie gefährden. Mein Doktorvater Gordon Craig brachte diese Sorge Mitte der 1950er Jahre in seinem Tagebuch zum Ausdruck. Andere Professoren der Universität von Princeton äußerten ihre Sorge öffentlich. Mit Blick auf die deutsche Vergangenheit sahen sie insbesondere in der Zwischenkriegszeit das Muster eines Vorspiels, das auch der zweiten deutschen Republik in ihren ersten Jahren drohte. Diese Befürchtung erwies sich, wie wir wissen, als unbegründet, doch nahm der Aufbau militärischer Strukturen (*defense-institution building*) mit ihrer neuen Kultur an zivil-militärischen Werten und Symbolen über den 12. November 1955 hinaus noch etliche Jahre in Anspruch. Dieser Prozess wurde allgemein in allzu vereinfachender Weise als Kampf zwischen Reformern und Traditionalisten beschrieben. Die Suche nach Tradition in den 1950er und 1960er Jahren bedeutete letztlich den Versuch, einer sehr skeptischen Generation ehemaliger Leutnante und Hauptleute der Wehrmacht, die nun die Uniform der Bundeswehr trugen, daneben auch ihren jungen Untergeben ein ganzes Bündel an Werten für ein berufliches Selbstverständnis anzubieten. Offiziell wollte man damit die Anhänger des alten Kults des soldatischen Ethos mit der Inneren Führung versöhnen. In einem weiteren Sinne war es auch der Versuch, die vielen in ihrem Stolz verletzten, verwirrten und demokratisch weniger integrierten Bürger, die noch lange Zeit Stauffenberg keinesfalls als Helden anerkannten und doch zur neuen politischen Ordnung der jungen Bonner Republik hielten, für ebendiese neue politische und gesellschaftliche Ordnung wirklich zu gewinnen. Ich kannte die Leute, die diese Politik formulierten, und habe ein Buch darüber geschrieben.[1] Als junger Mann, als Oberschüler und Student in Westdeutschland, teilte ich ihre politische Welt; daher achte ich ihre Leistung.

In den mehr als drei Jahrzehnten, seit ich diese Männer – allesamt Wehrmachtveteranen in der Bundeswehr – zum ersten Mal traf, habe ich andernorts in Europa durchaus ähnliche zivil-militärische Vorgänge erlebt, und ich habe beruflich mit ihnen gerungen. Auch die Staaten des ehemaligen Ostblocks, deren repressive Staatsapparate man natürlich nicht mit den mörderischen Institutionen des „Dritten Reiches“ gleichsetzen kann, standen und stehen vor ähnlichen Herausforderungen, was die Gewinnung von Herz und Geist der Soldaten für die neuen, wachsenden Demokratien angeht. Für das Land, in dem ich heute spreche, verkörpert die politische Kultur der Integration, wie sie sich von den 1950er bis zu den späten 1970er Jahren entwickelte, ein gültiges Erbe. Sie trug wesentlich dazu bei, dass aus Wehrmachtveteranen und anderen im »Dritten Reich« geborenen jungen Menschen Staatsbürger in Uniform der Bundesrepublik wurden. Dieser Politik waren die Männer und Frauen des 20. Juli 1944 sowie der einfache, ehrenhafte Soldat an der Front in gleicher Weise wertvoll für die neue Tradition. Ebenso spiegelt diese Politik die politische Kultur und die sich konsolidierenden militärischen Institutionen jener Zeit wider – etwas, das auch heute nicht abgestritten werden kann, obgleich diese Politik im Laufe der Zeit unter Beschuss geriet.

---

1 Reforging the Iron Cross. The Search for Tradition in the West German Armed Forces, Princeton, NJ 1988; erschienen in einer gekürzten und überarbeiteten Fassung als deutsche Übersetzung unter dem Titel: Bundeswehr und Tradition. Die Suche nach dem gültigen Erbe des deutschen Soldaten, München 1989 (= Beiträge zur Militärgeschichte, 27).

Der Wandel des Bildes der Wehrmacht und ihres Erbes in der politischen Kultur der Bundesrepublik ist Teil des allgemeinen Wandels hin zu einer kritischeren Sicht auf die Vergangenheit. Das zeigt sich aus dem Blickwinkel einer jahrzehntlangen Friedensperiode und einer konsolidierten demokratischen politischen Kultur. Der Kompromiss aus der Zeit des Kalten Krieges, der seinerzeit das offizielle Erbe des Soldaten bestimmte, wurde später Gegenstand von Kontroversen. Sie standen im Zentrum zivil-militärischer Spannungen und innenpolitischer Konflikte, die sich seit den 1970er Jahren in mehreren Episoden entfalteten. Noch in frischer Erinnerung ist die Causa Mölders, auf die ich heute nicht näher eingehen kann.

Die sich wandelnde Sicht auf das gültige soldatische Erbe und die Missverständnisse, die diesen Prozess ständig begleiten, sind in einem pluralistischen Staat und in einer offenen Gesellschaft Teil und Merkmale der Debatte über die Bedeutung der Vergangenheit im Hinblick auf Verfassung, Staatsbürgerschaft und soldatisches Selbstverständnis. Dieses Thema stellt sich heute nicht nur in Deutschland, sondern meiner beruflichen Erfahrung nach grundsätzlich auch in Ländern wie Österreich, Polen, der Tschechischen Republik, der Slowakei, und natürlich auch in den Vereinigten Staaten. In Deutschland wurde die Bedeutung des Erbes der Wehrmacht für die Gegenwart zum zentralen Streitpunkt in dieser Frage. Wenigstens meiner Meinung nach spiegelt sich hierin der Erfolg beim *defense-institution building* und die Reife der politischen Kultur in diesem Land wider.

Wer behauptet, die Bundeswehr sei »nicht militärisch genug«, weil sie die Wehrmacht nicht ehrt, beweist eine außerordentliche Unkenntnis und will nur ablenken. Solche Aussagen entstehen längst nicht mehr an den Stammtischen der Veteranenverbände, wie noch in den politisch unruhigen Zeiten der 1960er Jahre. Sie stammen heute vielmehr von Neokonservativen und »blinden« Technokraten des NATO-Lastenausgleichs, denen der Wesensinhalt des beruflichen Selbstverständnisses des Soldaten reichlich egal ist. Das wirft eine Frage auf, die mich zur Sicherheits- und Verteidigungspolitik im Allgemeinen und zu meinen Schlussworten führt.

Zusammenfassung

Im Kampf um Tradition ging es oft weniger um das historische Erbe des Soldaten und die Grundsätze seines Berufskodex als um die Haltung politischer und gesellschaftlicher Gruppen zur Sicherheitspolitik und zum Einsatz von Streitkräften als Mittel der Außenpolitik. Dieses Phänomen spiegelt noch einen anderen Aspekt der Tradition der Integration wider, über den ich bereits gesprochen habe. Tradition, militärische Symbolik und die Identität der Soldaten sind vielfach lediglich Vehikel eines parteipolitischen Streits, der mit der politischen und beruflichen Identität von Soldaten wenig zu tun hat. (Viel häufiger geht es in der Debatte darum, was der Opposition im aktuellen Weißbuch missfällt.)

An der Tatsache, dass sich der politische Diskurs in einer Debatte über Symbole verrennt, ist an sich nichts falsch. Doch vermittelt es den Soldaten der Bundeswehr nicht selten das Gefühl, dass ihnen die zivile Welt und die Welt der Parteipolitik nicht denselben Respekt oder gar jene Zuneigung entgegen bringen, wie sie etwa ihre Kameraden in Frankreich, Polen, Großbritannien oder den Vereinigten Staaten erfahren. Das Phänomen des frustrierten Soldaten auf entlegenem Außenposten oder – noch schlimmer – des Soldaten, den nach verlorenem Krieg der Dolchstoß in den Rücken trifft, ist heutzutage, angesichts des Krieges in Afghanistan und der sich ausweitenden Aufgaben und Aufträge für NATO-Soldaten, gerade im Hinblick auf die innere Sicherheit in einer globalisierten Welt ohne Frieden von wachsender Bedeutung. Die Probleme der politischen und obersten militärischen Führung mit der »Bundeswehr im Einsatz« der letzten Jahre und die Opfer, die NATO- und EU-Einsätze in Afghanistan den deutschen Soldaten abverlangt haben, stellen für die Entwicklung dieser Armee in der Demokratie und des beruflichen Ethos ihrer Soldaten eine neue Herausforderung dar.

Man kann seine eigene Auffassung vom politischen Wert des Afghanistan-Einsatzes der NATO haben. Doch ist es, jedenfalls für mich, nicht akzeptabel, das Bedürfnis der Soldaten nach beruflicher Identität, die im Einklang mit der politischen Kultur dieses Landes steht, gerade dann zu vernachlässigen oder gar herunterzumachen, wenn diese Soldaten im Kampfeinsatz von *security-building operations* stehen. Die zivile Seite ist vielmehr aufgefordert, sich um den Erhalt eines gültigen soldatischen Erbes zu bemühen – und dies nicht etwa, indem sie, wie es in meinem Land gelegentlich in falscher Weise geschieht, die Soldaten und ihre Mythen und Legenden umschmeichelt, sondern im Einklang mit der Tradition der Integration, wie es dem Selbstverständnis der Bundeswehr und der politischen Kultur in Deutschland entspricht. Die Aussetzung der Wehrpflicht und der Umbau der Bundeswehr zu einer Berufsarmee machen diese Forderung nur noch drängender.

Wenn wir unsere staatsbürgerliche Verantwortung im Hinblick auf die Notwendigkeit einer tragenden zivilen Säule des soldatischen Erbes nicht ernst nehmen, dann werden Andere diese Lücke in der Welt der historischen Ideen und Symbole des Soldaten füllen. In meinem Land ist dies bereits geschehen. Diese Aufgabe haben jene übernommen, welche die Vergangenheit der Soldaten für innenpolitische Ziele missbrauchen.

Kehren wir zum »braunen« Geist von Potsdam des Frühjahrs 1933 zurück, und damit zu solchen Kräften, die die Tradition der Integration beseitigen wollen, indem sie alten Hass und alte Denkmuster im Schatten des Hakenkreuzes wiederbeleben. Gefangen in ihren Fantasien von einem neuen Reich, würden sie die Bücher von Joseph Roth am liebsten noch einmal verbrennen. Solche politischen Gestalten, Bewegungen, Gruppen, Sekten und Zellen formulieren ihren Anspruch auf das Erbe des deutschen Soldaten zwar von außerhalb dieses Staates und seiner Armee, aber sie agieren innerhalb der deutschen, der europäischen und der US-amerikanischen Gesellschaft. Es handelt sich um Leute, die nach meiner Erfahrung selbst jemanden wie SS-Obergruppenführer Theodor Eicke als Verkörperung des Ideals militärischer Professionalität für traditionswürdig halten. Sie schwenken die schwarz-weiß-rote Fahne, tragen graues Flanell oder auch Bürstenschnitt und Springerstiefel, und sie würden all dem widersprechen, was ich hier über die Rolle des Soldaten hinsichtlich der Integration in ihrem weiteren Sinne gesagt habe. Sie würden den Traditionskult im Dienst einer totalitären und rassistischen Ideologie neu aufleben lassen und eine soldatische Tradition bewahren, wie sie in den Nischen von YouTube existiert.

Eine solche aber haben die Bundesrepublik Deutschland und ihre Soldaten erfolgreich verbannt. Die Bundeswehr hat ihre eigene Tradition geschaffen, die auf dem Grundgesetz und ihrer eigenen Geschichte beruht.

Unsere heutige Veranstaltung zum Gedenken an die Befreiung von Auschwitz und den Sieg über die Perversion des soldatischen Ethos symbolisiert die Stärke und Beständigkeit der Tradition der Integration, wie sie von deutschen Soldaten gelebt wird. Es ist mir eine große Ehre, dass ich viele von ihnen meine Lehrer, Mentoren, Kollegen und vor allem meine Kameraden nennen darf. Die gegenwärtige Krise, bestimmt von politischer Gewalt und politischen und wirtschaftlichen Verwerfungen, wäre Joseph Roth sehr vertraut. Seine Sehnsucht nach Zugehörigkeit zu einem multinationalen Staat, oder gar zu einem ausgesprochenen Nicht-Nationalstaat, sollte uns eine Mahnung sein. Der Schatten des Zerfalls, an dem die Welt heute leidet, sollte uns an die Pflicht und Herausforderung erinnern, eine gemeinsame soldatische Tradition im europäischen oder gar euro-atlantischen Rahmen zu formen.

Donald Abenheim

Globalisierung, *defense institution building* und die Bildung und Erziehung von Offizieren. Konkurrierende Denkmuster als Ideengeschichte

Welche Kräfte außerhalb der Kasernen und der Generalstabsquartiere prägen den Geist und das Ethos von militärischen Befehlshabern in der kleiner werdenden Welt von heute?* Die führenden Streitkräfte setzen militärische Gewalt längst nicht mehr ein, um in klassischer Manier als Ultima Ratio die politischen Ziele eines einzelnen Staates durchzusetzen. Betrachtet man die Gliederung der oberen Kommandobehörden von Sicherheits- und Verteidigungsorganisationen wie den Vereinten Nationen (VN), der Organisation für Sicherheit und Zusammenarbeit in Europa (OSZE), der Europäischen Union (EU) und der NATO, dann wird deutlich, dass Verteidigungspolitik und Truppenführung seit geraumer Zeit einem Prozess unterworfen sind, der beides zunehmend internationalisiert. Dieser Integrations- und Standardisierungsprozess unter den Land-, See- und Luftstreitkräften der westlichen Demokratien steht eindeutig in Zusammenhang mit der Globalisierung und deren Auswirkungen auf die Erziehung und Ausbildung von führenden Verteidigungsexperten und militärischen Führern.

Auch die allgegenwärtigen Bedrohungen der nationalen und erst recht der internationalen Sicherheit unterliegen dem diffusen Phänomen der Globalisierung. Die meisten Kommentatoren derzeit – ganz zu schweigen von den Demonstranten, die angesichts der Finanzkrise ab 2007 mehrere Hauptstädte in Aufruhr versetzt haben – vertreten die Ansicht, dass die Globalisierung zur Verunsicherung in Staat, Gesellschaft und Kultur geführt habe. Genauer: Sie habe in weiten Bevölkerungskreisen Angst und Sorge vor dem Verlust der angestammten Rollen geschürt. Die weltweit spürbare Druckwelle islamistischen Terrors und der Beinahe-Zusammenbruch der neoliberalen Wirtschaftssysteme in Nordamerika und Europa im Jahre 2008 können als zwei aktuelle Beispiele für diese Entwicklungen angesehen werden, wenngleich sie sowohl Symptom als auch Ursache der Krise sind.

Wie kann, angesichts der eben beschriebenen Situation, die Globalisierung von Staat, Gesellschaft und Kultur die traditionellen Eliten (in unserem Falle zivile Verteidigungsexperten, Offiziere und Wissenschaftler im Bereich der militärischen Bildung) und ihr Selbstverständnis bedrohen? Wie wirkt sich dies heute und mor-

* Erweiterte und aktualisierte Fassung eines Vortrages an der Landesverteidigungsakademie in Wien am 18. November 2010.

gen auf den militärisch-akademischen Bereich aus? Wie können die nicht mehr rein nationalen Streitkräfte, die sich durch ein höheres Bildungsniveau auszeichnen, geistig den Herausforderungen von Internationalisierung und Globalisierung gerecht werden, ohne dabei ihre Fähigkeit zum Kämpfen und ihre Rolle als soldatische Elite aufzugeben?

Seit Beginn der Weltwirtschaftskrise 2007 haben militärische Führungskreise in den westlichen Demokratien unter dem Motto *revolution in business affairs* zunehmend die Betriebswirtschaftslehre für sich entdeckt. Das geschah ausgerechnet zu einer Zeit, als die liberalen Institutionen des Westens eine Krise erlebten, die eigentlich ein grundlegendes Umdenken in Lehre und Praxis geboten erscheinen ließ. Somit wurde unter den Schlagworten *leadership* und insbesondere *management* etwas verfolgt, was inmitten von Zombie-Banken und taumelnden Währungen auf wackligen Füßen zu stehen schien. Dort, wo die Rückbesinnung auf Kerngrundsätze angesichts schrumpfender Verteidigungshaushalte und kriegsmüder Wählerschaften auf die falsche Fährte geführt hat, offenbarte sich im Zeichen von Kultur, Erziehung und Ausbildung des Soldaten etwas noch Merkwürdigeres: die auf problematische Weise gestiegene, aber noch unzureichend bewertete Bedeutung des Zusammenhangs von Kultur und Krieg.

Im Kontext überbordender elitärer Managementideen ist der Kult der *counterinsurgency* (COIN) im Sinn einer Gesamtstrategie entstanden. Ebenso hat sich das Bild vom Kämpfer im »kleinen Krieg« und in Kommandooperationen zur Idealvorstellung vom Soldaten entwickelt. Dies wiederum hat die militärische Anthropologie geradewegs zu einer Hilfskriegswissenschaft erhoben und die allgemeine Militärromantik gefördert, vor allem in der politischen Kultur der USA.

Der vorliegende Beitrag will den Dogmen von Betriebswirtschaftslehre und Anthropologie widersprechen, sofern sie als wissenschaftliches Herzstück der Ausbildung und Erziehung von Offizieren verstanden werden. Er will gelesen werden als Plädoyer für die Rückbesinnung auf das humanistische Ideal der Bildung und Ausbildung von Offizieren, wie es in der Geschichte Mitteleuropas begründet liegt. Der Verfasser lehnt das betriebswirtschaftliche Modell als Vorbild für die militärische Truppenführung ab. Seine Anwendung erscheint ihm, erst recht in Zeiten des grundlegenden politischen und sozialen Wandels, als Verstoß gegen die viel ältere Tradition des gebildeten Offiziers in ihrer klassischen und ursprünglichen Bedeutung. Die militärische Anthropologie und die Kriegsromantik der Gegenwart geben dem Offizier in seiner Karriereentwicklung generell eine schlechte Orientierung, nicht zuletzt weil sie keinen Ersatz für die immer noch zutreffenden Einsichten der Wissenschaft von Krieg, Strategie und Führung bieten. Die militärische Anthropologie bietet lediglich ein taktisches Instrumentarium für eine bestimmte Art von militärischen Einsätzen. Deren Zukunft ist mittlerweile mehr als zweifelhaft, wenn man die Entwicklung im Irak und in Afghanistan und deren strategische Bedeutung für die NATO-Verbündeten und -Partner mit ihren weitreichenden wirtschaftlichen und gesellschaftlichen Problemen betrachtet. Kriegsromantik (kaschiert als *strategic communication* oder in Form von rechtsradikaler Polemik auf den Nachrichtenkanälen des US-Kabelfernsehens) erfasst hauptsächlich diejenigen, die keine persönliche Berührung mit dem Militär haben. Es geschieht zudem in einer Zeit, in der die militärischen Aufgaben entweder von einer reinen Berufsarmee übernommen oder an militärische Dienstleistungsunternehmen ausgelagert werden. In jedem Fall spielt der Bürger in Uniform höchstens noch eine kleine Rolle. Dieser Prozess hat dazu geführt, dass soldatische Werte vor dem Hintergrund »kleiner Kriege« für innenpolitische Zwecke glorifiziert wurden. Für die Erziehung der Soldaten und ihre ethische Bewusstseinsbildung stellt diese Entwicklung eine Sackgasse dar.

Die Alternative zu den naturwissenschaftlichen und betriebswirtschaftlichen Denkmustern der militärischen Eliten ist das humanistisch geprägte Leitbild der Erziehung von Offizieren mit seiner mitteleuropäischen Tradition. Zumindest sollte es sich um eine Tradition handeln, in der die Geisteswissenschaften eine wichtige Rolle spielen, wenn es darum geht, Offiziere für wachsende Aufgaben in militärischer Führung und militärischem Management fit zu machen. In den Vereinigten Staaten ist eine solche Idealvorstellung nicht ganz unproblematisch, da dort gegenwärtig eine materialistische und marktorientierte neoliberale Einstellung vorherrscht. Der Zweck von Bildung verengt sich hier bestenfalls auf die Vorbereitung für den nächsten Job und dient kaum als Grundlage für einen Werdegang, bei dem es auf die charakterliche, geistige und seelische Entwicklung einer Person ankommt.

Dieses humanistische Leitbild lehnt Persönlichkeiten wie Frederick Terman, William Hewlett, David Packard, Jack Kerouac, Steven Jobs und Mark Zuckerberg ab. Es fordert stattdessen die Beachtung von Johann Gottfried Herder, Joseph de Maistre, Carl von Clausewitz, Arthur Schopenhauer, Jacob Burckhardt, Gustave Le Bon und Oswald Spengler. Diese Persönlichkeiten sind uns als scharfe Beobachter der Kräfte des Wandels in Staat, Gesellschaft, Kultur und Wirtschaft in Europa bekannt. Als solche wurden sie auch von den Philosophen Isaiah Berlin und Hannah Arendt verstanden, die beide gelehrte Teilnehmer am öffentlichen Leben waren. Isaiah Berlin erinnert uns daran, dass die Fortschritts- und Vernunftkritik ebenso wie die naturwissenschaftliche Begründung der Politik des absolutistischen Regimes auf die politischen und sozialen Probleme des 19. und 20. Jahrhundert hingedeutet hatten. Arendts Analyse des zerstörerischen Gewaltpotenzials, das der Massenpolitik des 20. Jahrhunderts innewohnte, hat viel über die Gegenwart und möglicherweise auch über die Zukunft zu sagen, wie sie sich im 21. Jahrhundert abzeichnet. Das humanistische Wissen von Berlin und Arendt bildet den Kern dessen, was ein Offizier heute besitzen muss, um die Herausforderungen von Politik und Strategie zu bewältigen, ganz zu schweigen vom Nutzen der Bildung speziell für das *defense institution building* mit dem Ziel, die Ursachen politischer Gewalt in ihrer heutigen Form zu vermeiden.

Das humanistische Ideal wird von der Mehrheit im Allgemeinen nicht geteilt. Stattdessen sind Vorstellungen einer wissenschaftlichen Betriebsführung vorherrschend, die der Militärwissenschaft zum Nutzen gereichen und als Kern des soldatischen Selbstverständnisses dienen sollen. Dieses Konzept hat sich als zentrale Idee in einer großen, von Eigeninteressen beherrschten Bürokratie ausgebreitet. Es ist auf diese Weise zu einer Doktrin und letztendlich zu einem Dogma mutiert. Dergestalt hat sich die Idee zu einer treibenden Kraft bei der Internationalisierung, wenn nicht sogar bei der Globalisierung der militärischen Ausbildung und Erziehung entwickelt. Diese Doktrin bzw. dieses Dogma könnte man leichthin als Mischung aus

Neo-Taylorismus (nach Frederick W. Taylor, 1856–1915) und dem Denkmuster von Samuel P. Huntington (1927–2008) bezeichnen. Das Militär setzt sich hierdurch der Gefahr einer institutionellen Isolierung aus, die sich sowohl auf die *defense education* als auch auf das *defense institution building* auswirkt. Taylor konstruierte während der zweiten industriellen Revolution im ausgehenden 19. und frühen 20. Jahrhundert mit pseudo-wissenschaftlichen Methoden eine Lehre von der industriellen Leistungsfähigkeit, die im 20. Jahrhundert weitgehend die Grundlage für amerikanische Managementverfahren bildete. Huntington wiederum entwarf 1957 in seiner Arbeit »The Soldier and the State. The Theory and Politics of Civil-Military Relations«[1] eine konkrete Vorstellung von der U.S. Military Academy (USMA) im Kontext der damaligen amerikanischen Gesellschaft, die alten Idealen von militärischer Tugend, Konservatismus, Staatsdienst und Bürgertum in einer Ära des totalen Krieges im Atomzeitalter anhing. Diese befremdliche Verschmelzung von Taylor und Huntington prägt nach wie vor die internationalisierte Ausbildung und Erziehung von US- und NATO-Offizieren und hat ein äußerst zweifelhaftes Vermächtnis produziert. Diese Art der Ausbildung erzeugt in Krisen- und Kriegszeiten natürlich ein ambivalentes Verhältnis zu pluralistischen Werten, zum Humanismus und zur demokratischen Gesellschaft.

Man hat die Militärwissenschaft mit mittelmäßigen Elementen amerikanischer Berufsausbildung gekoppelt und suchte in diesem Sinne die Verbindung mit Wirtschaftshochschulen, wirtschaftswissenschaftlichen Fakultäten und berufsbildenden Einrichtungen. Damit verband sich der Anspruch von Allgemeingültigkeit im Zuge der Internationalisierung von *defense and military education*. Dieser Prozess hält seit dem Ende des Kalten Krieges in den frühen 1990er Jahren an, wobei infolge der Feldzüge im Irak und in Afghanistan ein neuer, bedeutender Aspekt hinzugekommen ist: das Wiederaufleben der irregulären Kriegführung in Gestalt des internationalen Terrorismus und des Guerillakrieges. Hierdurch wurde in den vergangenen zehn Jahren jenes pseudo-wissenschaftliche Denkmuster in Frage gestellt. In gleicher Weise hatten die revolutionäre Kriegführung und die »kleinen Kriege« zur Zeit der Französischen Revolution die ständische Gesellschaftsordnung und das dynastisch geprägte Heerwesen im absolutistischen Europa in Frage gestellt. Und ganz ähnlich wirkten sich irreguläre Kriegführung und anti-imperialistische Aufstände auf die europäischen Großreiche und Armeen vom Ende des 19. bis in die Mitte des 20. Jahrhunderts aus.

Um es polemisch auszudrücken: Der Ansatz von Taylor und Huntington erinnert mit seinen Ideen und Institutionen im Bereich der militärischen Ausbildung und Erziehung in gewisser Weise an das Europa des *ancien régime* im Jahr 1792, das seinerzeit mit der Massenmobilisierung (*levée en masse*) durch Lazare Carnot im Frankreich der Schreckensherrschaft konfrontiert war. Als anderes historisches Beispiel lässt sich die britische Armee anführen, deren Selbstbewusstsein um 1900 von der Niederlage gegen die Buren in ihren Grundfesten erschüttert wurde. Einer Denkweise, wie wir sie bei Taylor/Huntington vorfinden, entspricht es, die höhe-

---

1 Samuel P. Huntington, The Soldier and the State. The Theory and Politics of Civil-Military Relations, Cambridge, MA 1957.

re Bildung von Offizieren ihrem ursprünglichen und eigentlichen Zweck, der universellen humanistischen Werten gilt, zu entfremden. Bildung in diesem Sinn wird mittlerweile durch engstirnige Professionalität ersetzt, die den Offizier als reinen Technokraten betrachtet. Es entspricht der Praxis im US-amerikanischen System militärischer Bildung und Erziehung, dass man der Besessenheit von Taktik und Kriegstechnik einen wissenschaftlichen Anstrich gegeben hat und nach wie vor gibt. Zur Deformation beruflicher Ideale hat eine allgemeine intellektuelle Verflachung im Westen verstärkt beigetragen. Nachdem hier jahrzehntelang die Marktkräfte zu Lasten von Wissen und Bildung überbetont wurden, sieht man sich nunmehr mit ideologischem Extremismus sowie mangelndem öffentlichem Bewusstsein konfrontiert. Die Defizite bei Erziehung und Ausbildung haben sich durch die Überbewertung von »Relevanz« und »Funktionalität« sowie durch Einsparungen bei der höheren Bildung infolge der weltweiten Finanz- und Wirtschaftskrise weiter verschlimmert. Die Entwicklung ging und geht zu Lasten all dessen, was als antiquierter Luxus einer unwichtigen Vergangenheit gilt: der Geisteswissenschaften und ihrer klassischen Disziplinen.

Das erste Paradigma und seine Tradition: Mitteleuropäischer Humanismus und seine Werte

Vor gut 200 Jahren öffnete im Schatten des Angriffs von Napoleon auf die alte Ordnung die neu gegründete Universität zu Berlin ihre Tore. Sie gilt uns heute als ein Denkmal für die bahnbrechenden Ideen von Bürgertum und Wissen, die auf den preußischen Minister Alexander von Humboldt zurückgehen. Neben der Universität bot die neu gegründete Kriegsakademie den Offizieren des reformierten preußischen Heeres Lehrgänge in Kriegskunst und Kriegshandwerk an, die den deutschen Idealismus mit dem erwachenden, alle Stände übergreifenden Nationalbewusstsein verbanden. Zum Lehrkörper gehörte Carl von Clausewitz, der ungeachtet moderner Kritik immer noch als herausragendes Beispiel des gebildeten Offiziers gilt. Nach seiner Auffassung waren die Geisteswissenschaften von zentraler Bedeutung für den beruflichen Erfolg des Offiziers.

Der Ausgangspunkt für die preußischen Reformer war politischer Natur: die Revolutionierung des Verhältnisses von Staat, Gesellschaft und Militär in Frankreich. Sie führte zur Verdrängung der feudalen Ständeordnung, in der die Herkunft die Möglichkeiten des Einzelnen in der Gesellschaft bestimmte. Von einer Ständegesellschaft mit ihren Kirchen- und Adelshierarchien geprägt, duldete das *ancien régime* bestenfalls widerstrebend ein politisch-militärisch emanzipiertes Bürgertum und dessen Vorstellungen von allgemeinen Menschenrechten, individueller Leistung und Fortkommen der Bürger durch Bildung. Der Durchbruch des Jahres 1789 führte gewaltsam zur Bildung von Nationalstaaten und gesellschaftlichen Klassen und bewirkte angesichts der Herausforderung durch Napoleon vor allem in Mitteleuropa eine Liberalisierung der Gesellschaft. Bildung war der Schlüssel hierfür – auch für die Armeen, die auf mehr oder weniger nationaler Grundlage wieder aufgestellt und von der bornierten Ständetradition befreit worden waren.

Die Notwendigkeit, der Krise zu begegnen, einte Professoren und Soldaten in einer Weise, wie es wegen der tiefgehenden Aversion des preußischen Militärjunkers gegenüber dem Lernen bis dahin nicht möglich gewesen war. Nachdem die französische Bedrohung gebannt war, wurde das Versprechen der Revolution mit weiteren Reformen in Staat, Gesellschaft und Streitkräften eingelöst. Im Falle Deutschlands ergänzten sich die Reform der Hochschulausbildung, die nun Lehre und Forschung verband, und der liberale Umbau der ständischen Erziehung, die adlige Söhne auf die militärische Laufbahn vorbereitete, wobei nunmehr das Talent mit weniger Rücksicht auf die soziale Herkunft gefördert werden sollte. Zugegebenermaßen machten reaktionäre Kräfte viele der Reformen rückgängig, sobald Napoleon nach St. Helena verbannt worden war, aber das Prinzip der fachlichen Qualifikation durch Bildung und Ausbildung setzte sich im Laufe des 19. Jahrhunderts trotz konservativen Widerstandes durch.

Das humanistisch geprägte Denkmuster der Offizierausbildung und -erziehung, das seine Wurzeln im deutschen Idealismus und in der Epoche des bürgerlichen Erwachens während der Französischen Revolution hatte, war kein Luxus. Es ist gerade in unserer Zeit des schnellen politischen und sozialen Wandels, ungeachtet der Unterschiede zwischen unserer und der vergangenen Epoche, von zentraler Bedeutung. Im Falle Deutschlands wurde der ursprüngliche Impuls im 19. Jahrhundert verzerrt, als sich die Universitäten und die höhere Bildung und Ausbildung von Offizieren von diesem Ideal entfernten. Während einerseits moderne Berufe entstanden, entwickelte sich andererseits der militärische Berufsstand ambivalent. Das Offizierkorps des 19. Jahrhunderts wandelte sich zu einer Organisation von Technokraten und geriet damit in Gegensatz zur Massenpolitik und zu Verfassungsbestrebungen, denen es um demokratische Kontrolle staatlicher Macht ging (*checks and balances*). Die überstarke Konzentration auf das Technische geriet, verstärkt durch den Militarismus und das soldatische Berufsverständnis des späten 19. Jahrhunderts, in Widerspruch zu den Menschenrechten und trug so zu den beiden Weltkriegen des 20. Jahrhunderts bei.

Nach dem Zweiten Weltkrieg waren die Bedingungen für das humanistische Ideal des gebildeten Offiziers besser als erwartet. Pluralismus, Demokratie und humanistische Bildungswerte hatten es nach 1945 in Westeuropa und Teilen von Mitteleuropa leichter als in der Epoche zwischen 1890 und 1918. Damals hatten sich Militär-Technokraten zu militärischen Desperados entwickelt, und die Gesellschaft war von ehemaligen Soldaten zugrunde gerichtet worden, die sich in der Massenpolitik betätigten und durch bereitwilliges Aufgreifen rassistischer Nationalismen ihr humanistisches Erbe ad absurdum führten. Die Entwertung des beruflichen Selbstverständnisses im Militär machte sich 1941 im Zusammenhang mit dem »Unternehmen Barbarossa« bemerkbar. Einmal mehr wurde damals deutlich, dass man durch die exzessive Beschäftigung mit taktischen Fragen und das Ignorieren des Politischen den Anspruch auf berufliche Exzellenz, beruhend auf höherer Bildung und Ausbildung, verspielt hatte.

In Westdeutschland und Österreich wurden die ursprünglichen Vorstellungen der humanistischen Bildungsideale für Soldaten wiederbelebt, als man nach Antworten auf die Erscheinung des totalen Krieges und der damit einhergehenden Deformation von Staat, Militär und Gesellschaft suchte. Man denke hier an die Innere

Führung der Bundeswehr, die mit den Grundsätzen von Menschenführung, Führungsverantwortung, Gehorsam, Moral, Bildung und Ausbildung ein Gleichgewicht zwischen den militärischen Pflichten des Bürgers und seinen verfassungsmäßig garantierten Rechten in einer »Armee in der Demokratie« herzustellen versuchte. Damalige Skeptiker verdammten diese Idealvorstellung als Augenwischerei, die kritische Stimmen aus der Gesellschaft besänftigen solle – seltsamerweise eine von skeptischen Historikern heute erneut vorgebrachte Behauptung. Der Wahrheit erweist man jedoch keinen Dienst, wenn man die Innere Führung mit Geringschätzung betrachtet. Trotz oder vielleicht gerade wegen der Kontroverse um ihre Einführung war die Innere Führung eine große Leistung im Zusammenhang mit der Neuformulierung des soldatischen Selbstverständnisses, indem sie es auf das Fundament der Bildung im Sinne der preußischen Reformer stellte. Die Reform vereinte die Tugenden freien Lernens mit den Erfordernissen militärischer Disziplin auf eine Weise, die man eigentlich für unwahrscheinlich, wenn nicht gar für unmöglich hielt. Ein überragendes Merkmal der Inneren Führung ist die Erneuerung der militärischen Kultur des »Führens mit Auftrag«, genannt »Auftragstaktik«. Dabei wurde die Verbindung von geistiger und charakterlicher Eignung, ergänzt um ein hohes Maß an Bildung und Ausbildung, erneut als Grundlage dieses Führungsprinzips bekräftigt. Generell ist dieses Prinzip gemeint, wenn auf deutscher Seite im militärischen Zusammenhang von »Führung« die Rede ist.

Es war kein Zufall, dass in den zehn Jahren zwischen Kriegsende und Bewaffnung der Bundesrepublik Deutschland einige ehemalige Generalstabsoffiziere, die später maßgeblich zum Konzept und Erfolg der Inneren Führung beigetragen haben, eine berufliche Tätigkeit mit ausgesprochen unmilitärischem Charakter ausübten. Man denke an den Buch- und Musikalienhändler Oberstleutnant i.G. a.D. Ulrich de Maizière, den Verlagskaufmann Oberstleutnant i.G. a.D. Johann Graf von Kielmansegg und den Bildhauer Major i.G. a.D. Wolf Graf von Baudissin. Natürlich begannen viele ehemalige Soldaten der Wehrmacht, etwa der Hauptmann a.D. und spätere Kommandeur der Führungsakademie der Bundeswehr, Eberhard Wagemann, in den späten 1940er und frühen 1950er Jahren auch ein Studium der Geisteswissenschaften, in der Hoffnung, dabei Antworten auf die jüngste deutsche Geschichte und auf die Frage nach der Zukunft Deutschlands zu finden. Diese ehemaligen Soldaten widersprachen damit dem typischen Bild vom Generalstabsoffizier als eng fokussiertem militärischem Technokraten, der von der zivilen Gesellschaft getrennt in seiner eigenen Welt lebt. Ihr Lebensweg steht vielmehr für den grundlegenden humanistischen Anspruch an die weiterführende Bildung und Erziehung des Soldaten.

In diesem Sinne stellt die Gründung der Hochschulen der Bundeswehr 1973, inmitten der antibürgerlichen und antimilitärischen Protestbewegungen der späten 1960er und frühen 1970er Jahre, eine besondere Leistung auf dem Gebiet der Inneren Führung dar. Dieses Ereignis traf mit einer Krise zusammen, die das Selbstverständnis der Bundeswehr sowie ihre politische und gesellschaftliche Rolle betraf. Ihr Offizierkorps war im Hinblick auf die notwendige Reform der höheren Bildung hinter der Zivilgesellschaft und den NATO-Verbündeten zurückgeblieben. Sowohl vonseiten des Offizierkorps als auch von der Zivilgesellschaft wurden die Hochschulgründungen mit Skepsis verfolgt, fielen sie doch in eine Zeit, als deutsche

Universitäten Schauplätze des gesellschaftlichen Umbruchs waren und militärische Tugenden dort auf Verachtung stießen. Doch verfolgte die Bundeswehr damals in München und Hamburg kein Konzept einer »Gegen-Universität«, das mit seinen Anforderungen von zivilen Hochschulen abgewichen oder in besonderer Weise dem soldatischen Berufsethos verpflichtet gewesen wäre. Die Verantwortlichen wollten also weder eine Kopie von West Point noch eine moderne Ausführung der preußischen Kadettenschule in Berlin-Lichterfelde schaffen. Und tatsächlich wurden die Hochschulen bzw. Universitäten der Bundeswehr keineswegs zu einem militärischen Fremdkörper; sie wurden vielmehr vorbildlich, wenngleich nicht ganz spannungsfrei, in Staat und Gesellschaft integriert. Von besonderer Bedeutung ist, dass ihr Studienangebot sich nicht auf Natur- und Ingenieurswissenschaften beschränkt, sondern auch die Geistes- und Sozialwissenschaften umfasst.

Sicherlich waren die Hochschulen der Bundeswehr in den 1970er Jahren in gewisser Weise Ausdruck der »Amerikanisierung«. In den Vereinigten Staaten war eine Universitätsausbildung schon sehr viel länger Voraussetzung für die Offizierlaufbahn. Außerdem hatte bereits die Luftwaffe der Vorkriegszeit eine höhere technische Lehranstalt, an der freilich nur ein kleiner Teil des Offizierkorps für technische Spezialverwendungen ausgebildet wurde. Im Gegensatz dazu verfolgte man mit der Gründung der Hochschulen der Bundeswehr einen breiten Ansatz. Das Projekt der 1960er/70er Jahre wurde auf die überlegte und gründliche Weise realisiert, wie sie Westdeutschland damals zu Eigen war, und hat seitdem zur integrativen Entwicklung der Bundeswehr in Staat und Gesellschaft beigetragen. Die Universitäten und andere Institutionen der Bundeswehr wie das Zentrum Innere Führung in Koblenz/Berlin, das Militärgeschichtliche Forschungsamt (MGFA) in Freiburg i.Br./Potsdam und das Sozialwissenschaftliche Institut (SOWI) der Bundeswehr in München/Strausberg stehen für die humanistischen und staatsbürgerlichen Ideale höherer Forschung und Bildung.[2] Sie sind das Resultat einer speziell deutschen Erfahrung. Von ihnen geht aber auch ein Signal für die Internationalisierung der höheren militärischen Bildung und Ausbildung aus.

Seine größte Bewährungsprobe erlebte der humanistische Ansatz zwischen 1989 und 1995 bei der weitgehend internationalisierten Offizierausbildung durch die Herausforderung infolge der deutschen Wiedervereinigung. Die »Armee der Einheit« beging 2010 ihren 20. Jahrestag, ohne dass ihre außerordentliche politische Leistung nennenswert gewürdigt wurde. Dabei bewies und beweist sie einmal mehr die Verlässlichkeit der Inneren Führung und den Erfolg des Konzepts vom gebildeten Staatsbürger in Uniform. Die friedliche Integration der Soldaten der ehemaligen Nationalen Volksarmee der DDR setzte einen Maßstab für die gewaltlosen Revolutionen in Mittel- und Osteuropa in den 1990er Jahren. Sie bildete einen Kontrast zum Zusammenbruch der Streitkräfte in gescheiterten Staaten wie Jugoslawien und, in jüngerer Zeit, im Irak und in Afghanistan. In all diesen Fällen wurde der internationalen Staatengemeinschaft großer Schaden zugefügt. Daneben

---

2 MGFA und SOWI wurden 2013 unter dem Dach des Zentrums für Militärgeschichte und Sozialwissenschaften der Bundeswehr (ZMSBw) mit Sitz in Potsdam zusammengelegt. Anm. des Herausgebers.

erlebten die angelsächsischen Länder durch sie eine starke Betonung des *imperial policing* im soldatischen Denken und eine Übergewichtung des Militärischen, was wenig dazu beitrug, das militärische berufliche Selbstverständnis dort zu verbessern. Auch wenn außer der Bundeswehr viele andere Faktoren ihren Anteil am Erfolg der deutschen Einheit haben, können viele Personen, die diesen Erfolg ermöglichten, mit der Inneren Führung und der entsprechenden Bildungspolitik für die Bundeswehr in den zwei Jahrzehnten zuvor in Verbindung gebracht werden.

Die Integration der ehemaligen NVA-Soldaten in die Bundeswehr diente als Vorbild für die NATO-Erweiterung von den 1990er Jahren bis in die jüngere Vergangenheit, was in Theorie und Praxis nicht ausreichend gewürdigt worden ist. Die Armee eines zerfallenen Staates wurde in einen pluralistischen Staat und seine Gesellschaft integriert, und zwar mit Hilfe einer in der Demokratie verankerten Armee und ihres Offizierkorps, das humanistischen Idealen verpflichtet und selbst dauerhaft und nachhaltig in die Gesellschaft integriert ist.

Der ganze Erfolg des Reformwerks der Inneren Führung zeigte sich darin, dass es auch gelang, den ehemaligen Soldaten der NVA wie auch den Soldaten anderer mittel- und osteuropäischer Armeen das innere Gefüge der Bundeswehr mit seinen militärischen Grundsätzen von Führung, Dienstauffassung, Befehl und Gehorsam nahezubringen. Diese Entwicklung trug ihrerseits zu einer friedlichen Beendigung des Kalten Krieges bei, der einen anderen, schlimmen Ausgang hätte nehmen können. Sie traf somit *das* wesentliche nationale Interesse Deutschlands: die Entschärfung des nuklearen Pulverfasses des Kalten Krieges an der globalen ideologischen Bruchlinie und den Aufbau einer Sicherheitsarchitektur für ein friedlicheres Europas und eine friedlichere Welt.

Die pseudo-wissenschaftliche Schule des »Big Defense Management« und die Transformation der Streitkräfte

Das zweite Paradigma kann man im pseudo-wissenschaftlichen Denkmuster nach der Art von Taylor und Huntington sehen. Dabei handelt es sich eindeutig um ein Phänomen des 20. Jahrhunderts, das sich auf die in den USA entstandenen modernen Berufe und die im Zeitalter des totalen Krieges aufgekommenen Managementeliten zurückführen lässt. Auf den ersten Blick scheint Frederick Winslow Taylor, der Maschinenbauingenieur, der Anfang des 20. Jahrhunderts erstmals industrielle Arbeitsablaufstudien anfertigte und zum Prototyp des Unternehmensberaters wurde, nicht der natürliche Verbündete von Samuel Phillips Huntington zu sein, dem Politologen, Gesellschafts- und Kulturtheoretiker mit einem starken Interesse für das Militärische.

Auf die Frage nach der Bedeutung militärischer Erziehung und Ausbildung im Leben herausragender Soldaten würden die meisten Amerikaner Douglas MacArthur und – für die jüngere Vergangenheit – David Petraeus als Beispiele für soldatisches Selbstverständnis in der Tradition der U.S. Military Academy nennen. Möglicherweise feiern sie auch Colin Powell als Bürger in Uniform, der seine Prägung im Reserve Officer Training Corps erfahren hat. Im Unterschied zu diesen Männern waren Taylor und Huntington jedoch Zivilisten, also keine Generale, ja nicht einmal Soldaten, zudem Zivilisten grundverschiedener Art und in unterschiedlichen akademischen Feldern beheimatet. Der gebildete und praktisch veranlagte Taylor gilt als genialer Vordenker in Sachen industrieller Effizienz und Rationalisierung. Als ein Begründer der Betriebswirtschaftslehre wurde er Professor an einer wirtschaftswissenschaftlichen Fakultät. Huntington dagegen verbrachte sein Leben als Politikwissenschaftler und öffentlicher Intellektueller an der Universität Harvard. Mit »The Soldier and the State« schrieb er die »Bibel« des elitären US-amerikanischen Offiziers, womit er angesichts der sowjetischen Bedrohung auf eine Stärkung des Wehrwillens in der Bevölkerung abzielte. Sein Buch bildete lange Zeit die Grundlage für das Ethos einer militärischen Elite; neue Aktualität erhält es gegenwärtig aufgrund der Probleme, die aus einer reinen Freiwilligenarmee und lang dauernden, weit entfernten Kriegseinsätzen seit »9/11« resultieren. Aus der Sicht einer zunehmend exklusiven, von Standesdünkel geprägten Ausbildung und Erziehung der Berufssoldaten in den Vereinigten Staaten haben die heutigen Nachfolger von Douglas MacArthur im Gefolge von David Petraeus vor allem im Mittleren Osten und in Südasien aktiv an der Globalisierung der Offizierausbildung mitgewirkt. Sie haben hierfür bei Taylor und Huntington abgeschrieben – dabei aber vielleicht die falschen Seiten, ohne dass sie sich dessen bewusst waren.

Dies offenbart sich im Schrifttum über Sicherheitspolitik und militärische Bildung und Erziehung, das dem Kernunterricht an der U.S. Military Academy zugrunde liegt – und dort speziell im Fachbereich Sozialwissenschaften (daneben auch in weiteren Bereichen der Ausbildung und Erziehung), wo einem gnadenlosen Effizienzdenken gehuldigt wird, das militärische Taktik und Technologie ins Zentrum stellt und das sich am Ingenieurwesen und seinem Ableger, der Betriebswirtschaftslehre á la Taylor, orientiert. All dies wiederum wird mit einer aktualisierten Fassung traditioneller Militärwissenschaft nach Art des 19. Jahrhunderts verknüpft, der es um die Anwendung der Naturwissenschaften zu Zwecken der Belagerungskunst und des Festungsbaus ging. In der Folge kommt es heutzutage zu einer deterministischen Anwendung der US-amerikanischen *principles of war* (Tasker Bliss, 1853–1930) auf der operativen Ebene, unter Überbetonung des Taktischen und Ausblendung der klaren Grenzen der Technik im Krieg. Die Lehre in Taktik (und später in Strategie) war in West Point im 19. Jahrhundert aus den Erfahrungen mit dem Militäringenieurwesen und seinen verwandten Disziplinen erwachsen. Sie orientierte sich an der französischen Armee und stand deshalb nicht von ungefähr im Widerspruch zur humanistischen Tradition Europas.

Dem didaktischen Dogma an der U.S. Military Academy in West Point liegt ein elitäres Offizierbild und eine pseudo-wissenschaftliche Doktrin zugrunde, die auf Antoine-Henri Jomini (1779–1869) zurückgeht und von Huntington vermittelt wurde. Diese Doktrin steht dem demokratischen Staat und seiner Gesellschaft zumindest ambivalent gegenüber, wenn nicht gar im Widerspruch zu ihnen. Der gegenwärtige Mangel an Humanismus und Pluralismus hat einen verderblichen Einfluss auf dieses Dogma, und auch wenn sich die heutigen Studenten in West Point mit den Geisteswissenschaften befassen können, haben diese Studiengänge kaum prägenden Einfluss auf die heutigen Ideale des Offizierberufs. Deren

Fragwürdigkeit, was die Idealisierung des elitären Manager-Kriegers betrifft, kam in einer »Hagiografie« über General a.D. David Petraeus zum Vorschein. Sie wurde 2012 von Paula Broadwell, einer jungen Absolventin der USMA, veröffentlicht, die bezeichnenderweise gleichzeitig Geliebte von Petraeus war. Der Skandal, der sich hieraus ergab, diskreditierte den elitären Anspruch der Generalität gegenüber dem Offizierberuf. Die Vorrechte der aus Manager-Militärs bestehenden Elite leiten sich aus der in gesellschaftlicher und politischer Hinsicht exklusiven militärischen Ausbildung und Erziehung ab und haben wenig gemein mit den Biografien von Reformern wie Wolf Graf von Baudissin, Johann Adolf Graf von Kielmansegg oder Ulrich de Maizière. Dieses System lässt weder Platz für Freiheit in Gehorsam noch für Auftragstaktik. Taylorismus, vermischt mit einer Überbetonung des Taktischen und als eine Doktrin der Effizienz falsch auf alle Aspekte der soldatischen Existenz angewandt, hat in den vergangenen zehn Jahren bei der Entwicklung des *defense management* und der militärischen Führung den zentralen Grundsatz von der Freiheit in Gehorsam stark beschädigt. Ungebildete Soldaten der jüngsten Zeit haben diesen Grundsatz hingebungsvoll mit Füßen getreten, ganz zu schweigen von jenen Mitgliedern der Zivilgesellschaft, die den Untergang ihrer eigenen Freiheit mit einer selten gesehenen Leichtfertigkeit begrüßt haben.

Von den höheren Bildungseinrichtungen des US-Militärs, die ebenso auf internationaler Ebene bei der Neugründung von Verteidigungsstrukturen aktiv sind, ist die Mixtur der Ideen von Taylor und Huntington weltweit verbreitet worden – und dies mit besonderem Schwung im Jahrzehnt nach den Feldzügen im Irak und in Afghanistan. Dieser Prozess der Übertragung von Grundsätzen des *defense management* und der militärischen Professionalität funktionierte gegen Mitte des 20. Jahrhunderts besser, vor allem weil diese Aktivitäten in Umfang und Zielsetzung enger begrenzt waren. Hiervon ist man inzwischen weit entfernt. Darüber hinaus hatten die internationalen Bemühungen der USA damals insgesamt mehr Qualität als im letzten Jahrzehnt.

Als leuchtendes Beispiel für jene frühere Qualität steht die 2011 durch den Historiker James S. Corum gründlich analysierte Rolle der Vereinigte Staaten beim Aufbau der westdeutschen Luftwaffe in den 1950er und 1960er Jahren. Diesem Fall kommt sogar besondere historische Bedeutung auf dem Gebiet des *defense institution building* zu. Auf ähnliche Weise profitierten von dieser Praxis auch die Streitkräfte Südkoreas. Aufgebaut nach dem Vorbild ihres US-amerikanischen Sponsors, taten sie sich lange Zeit schwer mit der Konsolidierung der demokratisch-politischen Kultur, trugen aber schließlich auf bemerkenswerte Weise zur Beendigung der Militärdiktatur in Südkorea bei. Weniger bekannt ist die Tatsache, dass US-Offiziere in den 1950er Jahren beim Aufbau des österreichischen Bundesheeres aus den Überresten der Wehrmacht geholfen haben. Das soll an dieser Stelle jedoch nicht überbetont werden, da die Vereinigten Staaten in diesem Fall eine weniger bedeutende Rolle gespielt haben als beim Aufbau der Bundeswehr in Westdeutschland.

Um nunmehr wieder auf den oben thematisierten pseudo-wissenschaftlichen Ansatz zurückzukommen: Das bedeutendste Beispiel hierfür liefert die Erfahrung der USA mit der industriellen Mobilisierung und der Aufstellung von Massenarmeen für den totalen Krieg zwischen 1939 und 1945. Diese Erfahrung floss zu ihrer Blütezeit bestimmend in die nukleare Strategie der USA im Rahmen der NATO ein und blieb insofern bis in die 1980er Jahre dominant. Auf diese Weise fand man für die Zeit des Kalten Krieges zu einer effektiven Doktrin, im Unterschied zu den Jahrzehnten danach und besonders im letzten Dezennium. Die Massenmobilisierung hierfür war nur möglich, indem man bis in die frühen 1970er Jahre das Bild vom totalen Krieg auch in Friedenszeiten aufrecht erhielt und dabei ebenso am Ideal des Bürgersoldaten wie an der allgemeinen Wehrpflicht festhielt.

Weniger erfolgreich war die auf Taylor und Huntington beruhende Herangehensweise während der begrenzten Kriege der 1950er und 1960er Jahre in Asien. In anderen Fällen zeigte sie noch weniger Wirkung, etwa im Umgang mit den südvietnamesischen Streitkräften in den frühen 1970er Jahren oder bei der Spezialausbildung für Streitkräfte lateinamerikanischer Länder seit den 1950er Jahren. Dort führte sie zu Prätorianismus und zu politisch motivierten Menschenrechtsverletzungen und endete im Bürgerkrieg.

Die Liste der Fälle, bei denen das *defense institution building* durch höhere Bildung und Ausbildung im internationalen Rahmen nicht optimal verlaufen ist, ließe sich beliebig fortsetzen. Erhellender ist freilich ein Vergleich, der die praktische politische Anwendung und Wirkung von Ideen zum Gegenstand hat. Er sieht auf der einen Seite die uniformierten Anhänger Taylors und Huntingtons im 21. Jahrhundert und auf der anderen die Nachfahren des deutschen Humanismus in der Tradition Humboldts, die nach Ende des Zweiten Weltkriegs den Versuch unternahmen, eben diesen Humanismus in Staat und Militärdienst wieder zu beleben. Ein solcher Vergleich macht eher die Defizite der Ersteren als die Schwäche der Letzteren sichtbar.

Im Zuge der Internationalisierung von Bildung und Ausbildung falsch angewandt, mutierte das umstrittene Vermächtnis des pseudo-wissenschaftlichen Dogmas nach Taylor und Huntington zu einem Elitekodex und einem selbstreflexiven zivil-militärischen Glaubensbekenntnis, das gegen Mitte des 20. Jahrhunderts tief in der US-Gesellschaft verwurzelt war. Im 21. Jahrhundert mutet dieses Vermächtnis bzw. Dogma nicht nur verstaubt an, sondern erscheint als völlig deplatziert. Das Taylor'sche Dogma von der technischen Effizienz des Militärapparates und der sicherheitspolitischen Strukturen förderte die rigorose und mechanische Reduzierung aller dort laufenden Prozesse und trug auf diese Weise dazu bei, dass das Verteidigungsministerium zu einer Produktionsstätte mit Fließbandcharakter degenerierte. In fragwürdiger Vergötzung der Managementideale des mittleren und späten 20. Jahrhunderts schuf es beim *defense institution building* um seiner selbst willen eine Aura von Gewissheit und Unfehlbarkeit. Die jüngsten Zeugnisse dieser Doktrin sind in Bagdad und Kabul zu finden. Hier hat sich mit der Zeit ein Schatten des Zweifels über die Wirksamkeit des *defense institution bui*ding gelegt. Zweifel daran entstanden spätestens, als im Februar 2012 alliierten Beratern von Afghanen, die über die dumme und rücksichtslose Verbrennung islamischer Schriften aufgebracht waren, in den Rücken geschossen wurde.

Das Dogma des auf wissenschaftlichen Erkenntnissen beruhenden industriellen und betriebswirtschaftlichen Fortschritts beinhaltet den Glauben an seine universelle Gültigkeit. Es betrachtet die Methoden der Managerelite des Industriekapitalismus als grundsätzlich überlegen. Das führt in unserem Fall oft zur Ignoranz gegenüber genuinen Streitkräftestrukturen sowie nationalen Traditionen und Besonderheiten auf den unterschiedlichen Kontinenten, die es gerade beim Aufbau von Ministerien und Generalstäben zu beachten gilt. Damit sind wir wieder bei Isaiah Berlin angelangt. Die von ihm beschriebenen Skeptiker der Aufklärung und der Französischen Revolution im 18. und 19. Jahrhundert lehnten bekanntlich die pseudo-wissenschaftliche Umgestaltung der Gesellschaft ebenso ab wie die damit verbundene Verdammung von Traditionen und ureigenen gesellschaftlichen Strukturen. Die Bedeutung von Persönlichkeiten wie Herder, de Maistre und Schopenhauer kann man nur durch das Studium der Geisteswissenschaften begreifen. Sie erschließt sich nicht in Unterrichtsmodulen, die Managementschulen verpflichtet sind, entsprechend für die militärische Ausbildung zurechtgebogen und zuweilen wie Softwarepakete an die verschiedenen Konfliktorte des *defense institution building* verkauft wurden.

Im gerade beschriebenen Kontext wird die Rolle der Eliten besonders deutlich. Aus Huntingtons Verherrlichung der Vorrechte des Berufssoldaten, der mit Argwohn oder gar unverhohlener Verachtung der pluralistischen Gesellschaft begegnet und eine neutrale oder zweifelnde Haltung gegenüber den Verfassungsgrundsätzen einnimmt, ergeben sich die anderen Hauptelemente des pseudo-wissenschaftlichen Denkmusters. In »The Soldier and the State« kritisierte Huntington zum einen den Liberalismus und die negativen Auswirkungen des Wohlstands auf die US-amerikanische Gesellschaft der Ära Truman und Eisenhower. Andererseits ging es ihm um die soldatischen Ideale und ihre konstitutionellen Beschränkungen in Theorie und Praxis. Unerwartet gewannen Huntingtons Schriften Jahrzehnte später neue Bedeutung. Unter ihrem Einfluss lebten die semi-prätorianischen Züge im Selbstverständnis der Eliten seit 1990 und verstärkt seit 2003 im Rahmen der Internationalisierung der *defense education* auf merkwürdige Weise wieder auf. Hierzu kam es durch die Verbindung zwischen dem Fachbereich Sozialwissenschaften und der Doktrin der zivil-militärischen Beziehungen an der Militärakademie in West Point und anderswo. Mehrere dieser Orte haben für die *security co-operation* der Vereinigten Staaten mit ihren Verbündeten und Partnern eine immer größere Bedeutung gewonnen: in erster Linie das U.S. Army War College und die National Defense University, daneben auch die *war colleges* der anderen Teilstreitkräfte sowie die Spezialeinrichtungen für Taktiklehre, Nachrichtenwesen und *special operations*. Diese Einrichtungen erhielten in fragwürdiger Weise universitären Status, verbunden mit der Berechtigung zur Verleihung akademischer Grade.

Die in ihrem Wesen entwerteten Ideen von Taylor und Huntington bilden die Grundlage für die riesige Bildungs- und Ausbildungsbürokratie der US-Streitkräfte. Dazu gehören neben den oben genannten Einrichtungen auch das U.S. Army Training and Doctrine Command, das inzwischen aufgelöste U.S. Joint Forces Command und die Stäbe der U.S. Specified Combatant Commanders (EUCOM, CENTCOM). Ferner zählen dazu einige regionale Zentren für Sicherheitskooperation des Verteidigungsministeriums, zum Beispiel das George Marshall Center in Garmisch-Partenkirchen, sowie Einrichtungen der Defense Security Co-operation Agency. All diese Einrichtungen verfechten eigene haushalterische und programmatische Interessen und stehen im offenen Wettbewerb um internationale Programme der *security assistance*. Diese Verallgemeinerung ist nicht als Angriff auf die wichtige und begrüßenswerte Arbeit zu verstehen, die jene Institutionen für die Außenbeziehungen der Vereinigten Staaten leisten. In unserem Zusammenhang geht es nur um die Auswirkungen der pseudo-wissenschaftlichen Methodik von Taylor/Huntington auf das elitäre Konzept der Offizierbildung und deren Adaption für verschiedene Zwecke des *defense institution building*. Diese Bestrebungen zielen darauf ab, *defense institutions* in Partnerstaaten über den Weg der militärischen Bildungsreform zu erneuern oder gar erst neu aufzubauen. Diese speziellen, bürokratischen Interessen sowie die bekannten theoretischen Mängel hinsichtlich Politik, Strategie und Operationen münden über die eifrige Produktion von Texten in eine Militärdoktrin, die als Antwort auf eine wuchernde Menge von Sicherheitsfragen in den Jahren seit »9/11« immer unzulänglicher wurde. Diese Doktrin ist dazu bestimmt, in den Bildungs- und Ausbildungseinrichtungen der Streitkräfte verbreitet und – was in unserem Zusammenhang am wichtigsten ist – an die NATO und die Verbündeten weitergegeben zu werden, die in den Genuss der *security assistance* durch die Vereinigten Staaten kommen sollen. Die Bilanz dieser mit Doktrinbildung und -verbreitung beauftragten Organisationen ist in der jüngeren Vergangenheit nicht gerade vorbildlich gewesen. So versagten sie bei der Vorhersage der strategischen Probleme der Gegenwart. Auch konnten sie keine praktikablen Vorschläge dafür anbieten, wie mittels einer internationalisierten Bildung und Ausbildung, die den unterschiedlichen politischen und strategischen Realitäten auf der Welt gerecht wird, eine Lösung dieser Probleme zu finden ist. In diesen Einrichtungen, die sich mit dem Export von taktischer und technischer Ausbildung US-amerikanischer Prägung befassen, begegnet man häufig dem Dogma des pseudo-wissenschaftlichen Denkmusters in seiner klarsten Ausprägung, so wie es im Leitbild von Taylor und Huntington verankert ist. Auf die Internationalisierung der *defense education* angewandt, hat dieses Dogma im Geist des Elitarismus, gestützt auf eine pseudo-akademische Grundlage, gewissermaßen eine Mauer errichtet, um Beruf und Selbstverständnis des Offiziers von den demokratischen Werten und Verfassungsgrundsätzen abzuschotten.

Die Problematik der Internationalisierung der *defense education* wurde auch durch die schlechte Vorstellung sichtbar, die Georgiens Regierung bei der Entscheidungsfindung und dem bewaffneten Eingreifen während des Kaukasus-Krieges im Sommer 2008 abgab, obwohl mit Hilfe von US-amerikanischer *security assistance* zehn Jahre lang versucht worden war, den Verteidigungsapparat dieses neuen Nationalstaats zu reformieren. Dieser auf einem falschen Eliteverständnis beruhende Reformversuch in Georgien hatte einen weit weniger spektakulären Vorläufer, nämlich im ebenso problematischen Aufbau des George C. Marshall Center for Security Studies in Bayern. Diese Einrichtung wurde Mitte der 1990er Jahre von einem Skandal erschüttert, der insofern symptomatisch für unsere Kernprobleme war, als es um die Übertragung elitärer US-amerikanischer Vorstellungen auf andere Nationen ging. Das Scheitern hierbei ergab sich aus der missbräuchlichen Anwendung des Leitbildes von Taylor/Huntington. Es sollte in quasi betriebswirtschaftlicher Weise auf die Staaten des ehemaligen Sowjetreiches Anwendung finden und musste fehlschlagen, weil die spezifisch nationalen Erfordernisse des *defense institution building* im Hinblick auf Doktrin und Ausbildung ignoriert wurden.

Das *security building* beim Wiederaufbau im Nachkriegsirak bedarf an dieser Stelle keiner näheren Erklärung, da diese Problematik in Theorie und Praxis seit vielen Jahren Schlagzeilen macht. In ganz ähnlicher Weise ist der Feldzug in Afghanistan mit Schwierigkeiten beim Aufbau des Staates und entsprechender *defense institutions* belastet, wobei der Vermittlung von Bildung und Ausbildung für die afghanischen Streit- und Sicherheitskräfte entscheidende strategische Bedeutung zukommt. Diese Dinge stehen seit 2010 im Rampenlicht und verdeutlichen nur zu gut die Problematik der hinlänglich bekannten Ideale, auf denen die Internationalisierung von Bildung und Ausbildung beruht. So ist etwa der Versuch der Vereinigten Staaten und der NATO, mit Hilfe von Stabspersonal der USMA eine Militärakademie für die Afghanische Nationalarmee aufzubauen, auf staatliche, gesellschaftliche, kulturelle und religiöse Widerstände im Land gestoßen. Die nahtlose Übertragung des Leitbildes einer professionellen militärischen Elite ist gewissermaßen an den Felsen Brauchtum und Tradition sowie am Fehlen eines Staates nach westlichem Muster gescheitert. Bei der Übernahme solcher Blaupausen mussten die Afghanen feststellen, dass das Wesen ihrer Gesellschaft keine schnelle Kopie einer US-amerikanischen militärischen Bildungs- und Ausbildungsinstitution zulässt, zumal inmitten eines bereits lange anhaltenden Konflikts und eines Landes, das seit drei Jahrzehnten seine Eliten durch Flucht einbüßt. Gerade der Mangel an qualifiziertem einheimischem Personal versieht den umfassenden »Schaltplan« aus West Point angesichts des von US-Präsident Obama im Sommer 2011 angekündigten und seitdem begonnenen Rückzugs der alliierten Streitkräfte mit einem großen Fragezeichen.

Militärberufliches Selbstverständnis, Truppen- und Menschenführung, militärische Organisation: Themen und Fachgebiete wie diese eigenen sich durchaus für einen ingenieur- oder betriebswirtschaftlichen Ansatz der Betrachtung. Ebenso gibt es Aspekte der Landesverteidigung, etwa im Bereich der militärischen Logistik, für die die Wirtschaftswissenschaften unumgänglich sind. Und natürlich ist ein Gebiet wie die Waffenentwicklung ohne den Zusammenhang mit den Naturwissenschaften überhaupt nicht vorstellbar. Im Zeitalter des Maschinenkrieges und des totalen Krieges, der Kriegführung mit Giftgas und unter atomarer Bedrohung mag es manchmal sogar scheinen, als seien die klassischen Strategen und militärischen Denker (auch solche, die das humanistische Erbe vertreten) obsolet geworden. Dieser Eindruck verstärkt sich mit Blick auf den zunehmenden Mechanisierungsgrad der Waffen, das ungeheure Ausmaß der modernen industriellen Kriegsrüstung sowie den Aufwand speziell für die Operationen zur See und in der Luft. Nicht zuletzt fällt einem ein, wie eng Naturwissenschaftler und Soldaten im Atomzeitalter zusammengearbeitet haben, um »das Undenkbare zu denken« (Herman Kahn)[3] und die Physik und Ingenieurswissenschaften dem militärischen Sieg dienlich zu machen, wie schrecklich dies im Ergebnis auch immer gewesen wäre.

Dieses wirtschaftswissenschaftliche Denkmuster hat sich jedoch in den vergangenen zwanzig Jahren durch ein fehlgeleitetes, nach Innen gerichtetes institutionelles Interesse zum Schlechteren verändert. Dabei wurde das Taylor-Huntington-Dogma zum Selbstzweck. Losgelöst von der strategischen Wirklichkeit und heimgesucht von

---

[3] Hermann Kahn, Thinking about the Unthinkable, New York 1962.

weitreichenden Krisen im In- und Ausland, wurden die fundamentalen Grundsätze militärischen Selbstverständnisses, aber auch jener marktwirtschaftlich begründete Optimismus insgesamt in Frage gestellt, der für den Kapitalismus westlicher Prägung charakteristisch ist. Die leicht errungenen Siege im Golfkrieg von 1990/91 trugen dazu bei, dass die strategischen Ziele entgrenzt und die auf jenem Dogma beruhenden Parameter militärischer Fertigkeit aufgebläht wurden. Das zeigte sich ganz deutlich, als Politik, Strategie, Operationsführung und militärische Organisation 2003/04 angesichts der Realitäten eines andauernden Krieges und andauernder Aufstände außer Kontrolle gerieten. Die Rückschläge dieser Jahre hatten eine zögerliche und widersprüchliche institutionelle Antwort auf die Pattsituation im Irak und in Afghanistan zur Folge. Ihre Konsolidierung benötigte Jahre, obwohl eine Reaktion innerhalb von Wochen hätten erfolgen müssen. Insbesondere der strategische Idealismus mit seinem pseudo-wissenschaftlichen Ansatz, der in den Trümmern des Koalitionsblitzkriegs im Irak von 2003/04 so gründlich gescheitert ist, bewies die Inhaltslosigkeit der sogenannten *revolution in military affairs*. Diese war im Zuge des Golfkrieges von 1990/91 zum gängigen Schlagwort für die strategisch-technologische Dominanz Amerikas im »Informationszeitalter« geworden, in dem die »großen C 3« (*command, control, communications*) und die neuen Präzisionswaffen die Unwägbarkeiten und Friktionen des Krieges auf Ewigkeit verbannen sollten.

In der Tat bedeutete die *revolution in military affairs* den Kulminationspunkt für das Taylor-Huntington-Ideal und den daraus abgeleiteten Anspruch auf strategische und operative Vorherrschaft, wie er 1995 zum Gesamtkonzept erhoben wurde. Dies geschah mithin zu einer Zeit, als die tatsächliche Bedrohung für die Sicherheit der Vereinigten Staaten ganz bestimmt nicht von einer schwachen irakischen Panzerdivision ausging. Aus heutiger Sicht – wir schreiben das Jahr 2017 – zeigt sich die Unhaltbarkeit dieses mehr als zwanzig Jahre alten, inzwischen reichlich abgedroschenen Anspruchs. Das machen die Feuergefechte um einsame Vorposten in Afghanistan sichtbar, die eher an die Kolonialkriege des 19. Jahrhunderts oder an den Vietnamkrieg des Jahres 1967 erinnern. Die Hoffnung einer militärischen Elite, nach dem Kalten Krieg am bekannten strategischen Idealismus und Ethos festhalten zu können, ging in den blutigen ersten Jahren des 21. Jahrhunderts mit ihren zähen irregulären Kriegen und Gewaltakten einer Neo-Guerilla zugrunde.

Schlussfolgerung und Warnung

Humanismus mitteleuropäischer Prägung als Grundlage höherer *defense education* versus pseudo-wissenschaftliche Erziehung des Offiziers, die einem Dogma gehorcht, das militärische Führung mit Management gleichsetzt und dem Technokraten in Uniform huldigt. Dieser absichtlich scharf gezeichnete Gegensatz wäre lediglich von akademischem Interesse, hielte die Gegenwart hinsichtlich der Internationalisierung von *defense and military education* nicht schicksalhafte Alternativen bereit, die vom doppelten Schock aus Terrorangriffen und Finanzkrise verursacht wurden. Der pseudo-wissenschaftliche Ansatz, den die fehlgeschlagene *revolution in military affairs* der 1990er Jahre sichtbar machte, hat sich in einer anderen und noch problematischeren Form als COIN (*counterinsurgency*) erneut Geltung verschafft. Dieses Akronym stammt aus den 1960er Jahren und hat seine geistigen Wurzeln in den Kolonialkriegen der Franzosen und Briten im 19. und 20. Jahrhundert. Das Konzept wurde von den US-Streitkräften übernommen und von diesen jüngst zum zweiten Mal seit den 1950er Jahren angewandt, diesmal mit einem noch lauteren Paukenschlag als ein halbes Jahrhundert zuvor. Das umgemünzte, aber alte und ebenfalls pseudo-wissenschaftliche Dogma der Terror- und Guerillabekämpfung, das sich mit der Person von General David Petraeus, dem U.S. Army Training and Doctrine Command/U.S. Central Command (CENTCOM) und dessen australischem Ableger verbindet, stützt sich auf eine Fehlinterpretation der Geschichte. In ahistorischer Weise beruft es sich auf die französischen Feldzüge zur Aufstandsbekämpfung in Nordafrika und Indochina sowie auf den britischen Feldzug der 1950er Jahre in Malaya. Außerdem missbraucht es die Sozialwissenschaften, speziell die Anthropologie, zum Zweck der Führung des »kleinen Krieges« und der Aufstandsbekämpfung im 21. Jahrhundert. Die französischen und britischen Verfasser der Theorie und Lehren des »kleinen Krieges« im 19. und 20. Jahrhundert befolgten, wie die gegenwärtigen Militärs, das institutionelle Gebot, auf die Probleme des *imperial policing* und der Verschmelzung von Zivilem und Militärischem im irregulären Konflikt eine einzige, für Theorie und Praxis gültige Antwort zu geben.

Das Wiederaufleben von COIN ab 2005/06 in seiner jetzigen Form verkörpert die Kontinuität der Taylor-Huntington-Doktrin in zweierlei Hinsicht. *Erstens* spiegelt die Dynamik des strategischen Idealismus, die vom doktrinären Establishment zur Neuformulierung einer wissenschaftlichen Wahrheit über *counterinsurgency* genutzt wurde, die Beständigkeit des betriebswirtschaftlichen Imperativs in einer großen Bürokratie wider. Diese hat sich erschreckend langsam den Konfliktrealitäten seit dem 11. September 2001 und insbesondere seit dem Beginn des irakischen Aufstands 2003/04 angepasst. Das doktrinäre Establishment, das dieses Glaubensbekenntnis formuliert hat, hat nichts vom Vermächtnis Taylors abgelegt, sondern es vielmehr den Erfordernissen der Gegenwart angepasst. Das geschah vielfach auf Kosten der Wahrheit und im Widerspruch zur komplexen politischen, sozialen und kulturellen Wirklichkeit, die auf so verschiedenen Schlachtfeldern übermächtig präsent ist: in den Stammesgebieten Pakistans ebenso wie in den halb befriedeten Städten Iraks, aber auch auf den Straßen von Paris und Brüssel.

Zweitens: Die Neo-COIN-Doktrin leitet sich vom Huntington'schen Ideal der militärischen Elite ab, weil der mit der *revolution in military affairs* verbundene strategische Idealismus von einst seinen Geltungsanspruch wieder bekräftigen musste. Dies geschah in Form eines neuen Dogmas, das Berufssoldaten einer skeptischen Politik andienten. Die US-Regierung, müde von den bis 2006 aufrechterhaltenen, aber nicht eingelösten Versprechungen eines totalen Sieges, stand unter dem Druck, aus innenpolitischen Gründen eine andere Strategie zu finden. Seit Mitte der 1990er Jahre geisterte die Schimäre der *Joint Vision 2010* (das heißt der *revolution in military affairs*) herum. Sie suggerierte eine umfassende Überlegenheit auf allen Ebenen der Kriegführung, versagte aber im Laufe des Jahres 2004. Ihr Versagen gefährdete das Ansehen und den Status der Berufssoldaten, die sich an das Huntington'sche Ideal einer abgehobenen Elite hielten und sich aufgrund ihrer vermeintlich Überlegenheit an

Fähigkeiten, Charakter und Ehrgefühl weit von der pluralistischen US-Gesellschaft entfernt hatte. Es sei dahingestellt, ob jener Charakter und jenes Ehrgefühl in den Wahlkämpfen vor 2008 in Erscheinung getreten sind. Die leichtfertige Politisierung der Generale in Wahlkämpfen war ein weiteres düsteres Indiz dafür, dass das Gebot, der Taylor-Huntington-Doktrin eine neue, einende Geltung zu verschaffen, nicht ohne das Erscheinen von COIN Ende des letzten Jahrzehnts vorstellbar ist.

Das Beispiel des Generals Stanley McChrystal und seiner abrupten Ablösung 2011 steht für den selbstherrlichen, politisierten Berufssoldaten, der einen Feldzug lauter »kleiner Kriege« führt, und es macht gleichzeitig das wacklige Fundament deutlich, auf dem sich die elitäre, wissenschaftliche Kriegführung in jüngster Vergangenheit ausgebreitet hat.

Petraeus und McCrystal sind die letzten von Taylor/Huntington geprägten Hüter eines soldatischen Glaubensbekenntnisses, das durch die neue Form von COIN bewahrt werden sollte. Beide haben versucht, das soldatische Ethos vor dem Bumerangeffekt zu schützen, den der defizitäre Umgang mit dem irregulären Kampf verursacht hat. Wie Douglas Porch 2013 gezeigt hat, drohte dieser Rückschlag die beruflich, betriebswirtschaftlich und institutionell begründeten Ansprüche der Inhaber von Expertise, Dienstgrad und Autorität zu kippen, also Ansprüche, die bereits im Atomzeitalter mit seinen nationalen Befreiungskriegen und kolonialen Rückzugsgefechten der 1950er und 1960er Jahre gefährdet waren. Dabei zeigt sich überdeutlich die Kontinuität eines Phänomens des 19. Jahrhunderts bis in unsere Zeit. Die ursprünglichen Vorstellungen der *counterinsurgents* des 19. Jahrhunderts befassten sich nicht nur mit der widerständigen indigenen Bevölkerung – und folglich auch mit feucht-heißen, entlegenen und inzwischen oft vergessenen Kriegsschauplätzen. Daneben war ihnen immer auch eine begründete Sorge um die Stellung der betroffenen Soldaten anzumerken, die sich zuhause in Frankreich oder Großbritannien, wo die irreguläre Kriegführung oft in Frage gestellt wurde, mit schnellen Veränderungen in Militär, Staat und Gesellschaft konfrontiert sahen. Die Theorie diente folglich auch dazu, den Anspruch der kolonialen Soldaten auf einen angemessenen Platz im Militärapparat und im zivil-militärischen Gefüge ihres Heimatlandes zu stärken.

Dasselbe Phänomen macht sich erst recht unter den gegenwärtigen Anhängern von Taylor und Huntington bei den Anti-Terror-Feldzügen unseres Jahrzehnts bemerkbar. Irreguläre Kriege, »kleine Kriege«, Aufstände, Guerillas und Terroristen stellen den Soldatenberuf in seinem Verhältnis zu Verfassung, Regierung und pluralistischer Gesellschaft auf eine gründliche Probe. Paris im November 2015, San Bernardino, CA im Dezember 2015, Brüssel im März 2016, Orlando, FL im Juni 2016, Nizza im Juli 2016, Berlin im Dezember 1916: Die offenkundige Wehrlosigkeit des Westens gegenüber dem Terror untergräbt den pseudo-wissenschaftlichen Machtanspruch der uniformierten Prätorianer in Staat und Gesellschaft, der das politische und gesellschaftliche Ergebnis des Taylor-Huntington-Ansatzes ist. Sein Paradigma stimmt nicht mehr mit der strategischen Wirklichkeit der Gegenwart überein. Obwohl die Tötung Osama bin Ladens durch Spezialkräfte 2011 in Pakistan ein beeindruckender Handstreich war, gibt dieses Ereignis dem strategischen Idealismus nicht seine ursprüngliche Bedeutung zurück, die er in den 1990er Jahren besaß, als ihm die trügerische Morgenröte der *revolution in military affairs* dazu verhalf.

Die selbstverliebten militärischen Eliten, ihre Bürokratien, aber auch die unkritischen Traumtänzer der *strategic communications* und in den sozialen Netzwerken leiden unter einem Defekt, der zunehmend ernst genommen werden muss. Unsere Gegner benötigen – wie Martin van Creveld 1990 in seinem bilderstürmerischen Werk über die Ausbildung von Offizieren zeigte[4] – keine riesigen Bürokratien, die strategische Doktrinen formulieren und sie über große, schwerfällige Organisationen auf nationaler und internationaler Ebene verbreiten. Als israelischer Wissenschaftler, dem die Wirklichkeit von irregulärer Kriegführung, Guerillakrieg und Terrorismus besonders nahe ist, bewunderte van Creveld die Vietcong und Mudschaheddin um ihre Freiheit von bürokratischen Strukturen und um ihre Flexibilität, die es ihnen erlaubte, mit minimalen Mitteln eine große strategische Wirkung gegen die reguläre Armeen der Kolonial- und Imperialmächte zu erzielen. Aber kann ein solches Beispiel Vorbild für eine globalisierte militärische Bildung und Erziehung sein? Sollten die höheren militärischen Bildungs- und Ausbildungseinrichtungen die Methoden der Guerilla- und Terrorbanden nachahmen, etwa in Form des *military swarming* oder anderer Modeerscheinungen der Militärstrategie? Wie verändern Auftrag und Einsatz des *counterinsurgent* und *counterterrorist* das soldatische Ethos im Rahmen der Bildung und Erziehung von Soldaten? Die Vergangenheit lehrt, dass eine solche Entwicklung die Soldaten fast immer politisiert und brutalisiert hat. Das hat nicht nur der demokratischen Kultur geschadet, sondern auch zu schlechten Ergebnissen bei Bildung und Erziehung geführt. Ein Rezept, das die Guerilla nachahmen will oder dem Soldaten im Anti-Terror-Einsatz ein eigenes berufliches Selbstbild und -verständnis zubilligt, kann daher weder die Antwort auf die intellektuellen Mängel der COIN-Doktrin noch auf andere Herausforderungen in Sachen Ausbildung und Erziehung sein, vor denen die führenden Streitkräfte der Welt stehen. Die Apologeten von COIN als Prüfstein des soldatischem Dienens machen sich also zweifach schuldig: einmal der falschen Anwendung eines ausgewählten Offizier-Archetypus nach Art von Thomas Edward Lawrence (»Lawrence von Arabien«) oder David Galula, zum anderen des Missbrauchs der Anthropologie zum Zweck der Strategie, die sich in Wirklichkeit nicht als *grand strategy*, sondern nur als eine Summe von *grand tactics* entpuppt.

Wie steht es nun mit dem humanistischen Leitbild in der Offizierausbildung bzw. für das Selbstverständnis des Berufssoldaten? Der Bürger in Uniform ist als Ideal der Offizierausbildung in Mitteleuropa in den Konzepten von NATO und Gemeinsamer Außen- und Sicherheitspolitik (GASP) der Europäischen Union deutlich erkennbar. Beide haben der veränderten strategischen Wirklichkeit im 21. Jahrhundert Rechnung getragen. Dies geschieht neuerdings auch wieder stärker zugunsten des Gedankens der Landes- und Bündnisverteidigung, nachdem die längste Zeit *counterinsurgency* und *counterterrorism* die Vorstellungswelt beherrscht haben. Den Vergleich mit dem Taylor-Huntington-Dogma anzustellen, kommt angesichts der

4 Martin van Creveld, The Training of Officers. From Military Professionalism to Irrelevance, New York 1990.

neo-liberalen Übersteigerung von Krieg und der Verunglimpfung Europas und seiner Streitkräfte einem Verrat gleich. Nichtsdestoweniger muss die Wahrheit ausgesprochen werden, gerade weil die innere Verfassung der US-Streitkräfte in einem unerträglichen Gegensatz zu dem Bild steht, das diese von sich selbst vermitteln.

Im Ergebnis der Rückschläge bei den US-Feldzügen im Irak und in Afghanistan der Jahre 2003 bis 2006 wird deutlich, dass Kampfhandlungen, die sogenannten *kinetic effects*, im traditionellen Sinn politisch und strategisch nur von begrenztem Nutzen waren. Sowohl der Wiederaufbau nach dem Krieg als auch *counterinsurgency* erforderten eine Verstärkung und Ergänzung durch andere staatliche Mittel, die den Zielen für die Zeit nach dem Krieg hätten dienen müssen. Einmal mehr bleibt festzustellen: Für das notwendige Verständnis der Strukturen von Gesellschaft, Kultur, Tradition, Religion und Literatur, aber auch für den Aufbau von Staatlichkeit nach einem Krieg und die Stärkung der Zivilgesellschaft sind pseudo-wissenschaftliche Denkmuster, wie sie für die *defense education* charakteristisch sind, nicht hilfreich. Ebenso wenig erschließen sich diese Strukturen einfach durch den taktischen Gebrauch der Anthropologie in der Truppe. Mit den Lehren der Festungskunst, der Kernphysik oder auch der Betriebswirtschaft kommt man den Kernproblemen der politischen Gewalt in der Gegenwart, sprich: den sogenannten *failed states*, eben nicht wirklich bei.

Ein Soldat, beauftragt mit dem Wiederaufbau nach einem Krieg und der Reform staatlicher Institutionen, sollte nicht nur flüchtige Kenntnisse davon haben, auf welche Weise Politik, Gesellschaft, Kultur, Literatur und Künste Krieg und Frieden beeinflusst haben. Das bezieht sich nicht nur auf Afghanistan, sondern grundsätzlich auch auf Länder wie Deutschland oder die Vereinigten Staaten. Das hierfür notwendige breite Wissen wird jedoch von einem Bildungswesen, das der militärischen Doktrin und der Betriebswirtschaftslehre dogmatisch gehorcht, zwangsläufig nur mangelhaft vermittelt. Ein derart geprägter militärischer Führer oktroyiert auf diese Weise den unterworfenen Völkern seine Doktrin, ohne damit letztlich den Erwartungen seiner eigenen Gesellschaft gerecht zu werden. Der Offizier sollte daher besser angehalten werden, sich zumindest für einige Zeit in die Lehren von Denkern wie Herder, de Maistre, Schopenhauer, Arendt und Berlin zu vertiefen, die über das Wesen von Politik, Gesellschaft und Kultur grundlegend nachgedacht haben. Zu diesem Zweck sollten humanistisch-geisteswissenschaftliche Prinzipien in einem sinnvollen Umfang in die Bildung und Erziehung von Offizieren eingehen. Das wurde in Deutschland durch die Verwirklichung der Inneren Führung erreicht, insbesondere durch die Einrichtung und Weiterentwicklung der Universitäten der Bundeswehr, die ein hohes akademisches Niveau anstreben und somit als Gegenentwurf zu einer nur modernisierten Kadettenanstalt gelten können.

Die Weltwirtschaftskrise nach 2007 hat einmal mehr deutlich gemacht: Es bedarf einer Alternative zu immer mehr Betriebswirtschaftsdenken und -praktiken, die sich als »zeitlose soldatische Werte« und unveränderliche Doktrin tarnen. All das wird von »ganz oben« heruntergereicht und wirkt als eine Kraft, die keiner irdischen Autorität verantwortlich zu sein scheint. Die enttäuschenden Leistungen der Kaste uniformierter und ziviler Absolventen von Wirtschaftsfakultäten inmitten der Globalisierung der letzten zwei Jahrzehnte machen ein allgemeines Umdenken erforderlich, was die richtigen Ziele und Mittel im Bereich der soldatischen Bildung und Erziehung angeht. Dabei sollte der Mensch nicht allein unter dem Aspekt der Effizienz gesehen werden; und vor allem sollte man die im Kampf stehenden Streitkräfte im Blick haben. Der künftige Offizier einer kleineren, flexibleren und einsatzorientierten Truppe muss Generalist sein. Er muss sich zum anderen weiterhin als Teil einer Gesellschaft verstehen, die in vielerlei Hinsicht ihre Probleme mit dem Militär und dem Soldatischen hat. Die Alternative hierzu stellt der Taktiker als Technokrat dar, der eher einer Science-Fiction-Figur gleicht. Ein solcher Militärtechnokrat würde sich auf die Scharlatane und Futurologen der Wirtschaftsfakultäten und andere Marktschreier berufen, während er gleichzeitig den Kampf mit immer raffinierteren Waffen führt. Die Tradition des Humanismus im deutschen Militär hat die Bundeswehr für dieses Phänomen des technokratischen Militär-Desperados weniger empfänglicher gemacht als andere Armeen. Generell aber gilt: Da die stark geschrumpften Streitkräfte der westlichen Allianz vor immer größeren Herausforderungen stehen, bedarf es erst recht besonderer Standfestigkeit gegenüber einer Flut von Gemeinplätzen, »schrägem« Denken und Managementweisheiten, die in der militärischen Praxis versagt haben.

Donald Abenheim und Carolyn C. Halladay

Die Soldaten, das Phantom der Wehrpflicht und die politische Kultur. Ein mahnendes Beispiel aus den Vereinigten Staaten

Das Schicksal des Bürgers in Uniform im 21. Jahrhundert sollte niemandem gleichgültig sein, der sich um die Festigkeit der Demokratie in den Konflikten von heute sorgt.* Die globalen Unruhen seit einigen Jahren sowie die andauernden Krisenerscheinungen auf dem eurasischen Kontinent lassen die Zukunft des Soldaten in der amerikanischen Demokratie und die Anforderungen des Militärdienstes zu Themen von neuer Aktualität werden. Die gegenwärtigen Kriege werden einerseits von der Rhetorik des totalen Krieges im 20. Jahrhundert beherrscht, andererseits ließ sich unter ihrem Eindruck eine Minorität der US-Bevölkerung für eine Kriegsstrategie gewinnen, die wahrscheinlich weitaus diffuser ist als jene in der Epoche von 1950 bis 1999, also vom Koreakrieg zum Kosovo-Unternehmen. Der Charakter des heutigen Krieges bedeutet für denjenigen, der ihn führen muss, ohnehin eine besonders widerwärtige Last. Sie wird dadurch noch verschlimmert, dass unter den US-Soldaten – begründet oder unbegründet – die Ansicht herrscht, Zivilisten würden ihr besonderes Opfer verkennen, das ihnen eine Strategie der Abnutzung und begrenzten Gewaltanwendung abverlangt, die den nationalen Idealen vom Krieg theoretisch wie praktisch widerspricht.

Die Stellung des Soldaten in der politischen Kultur der Vereinigten Staaten wird selbst dort, also im Heimatland der Verfasser dieses Beitrages, nur unzureichend gewürdigt und in Europa grundsätzlich missverstanden. Der Platz des Soldaten in der amerikanischen Demokratie bleibt in den gegenwärtigen Krisen eng mit dem Schicksal des US-Bürgers in Uniform verbunden. Er orientiert sich daneben an den Erfordernissen einer Strategie, die im Zuge der erweiterten Aufstandsbekämpfung (*extended counterinsurgency campaigns*) in den vergangenen zehn Jahren mühsam entworfen wurde. Die Entwicklung in Mitteleuropa und den Vereinigten Staaten während der letzten 20 Jahre führte zur Verunglimpfung des Bürgers in Uniform, wohingegen der Berufssoldat eine Aufwertung erfuhr. In jüngster Zeit stößt man sogar auf das Lob des postmodernen Glücksritters (*postmodern soldier of fortune*) nach dem Vorbild des früheren Landsknechts. Diese Stimmung findet bei vielen zivilen wie militärischen Beobachtern des Geschehens Anklang. In der

* Erweiterte und aktualisierte Fassung eines Vortrages an der Landesverteidigungsakademie in Wien am 2. Februar 2010.

bürgerlichen und gesamten zivilen Gesellschaft ist sie Ausdruck eines traditionellen Misstrauens gegenüber dem Militär. In neoliberalen Kreisen ist sie zudem Teil einer marktbestimmten Ideologie. Bei Berufssoldaten rührt diese Einstellung von einem Kastendenken her, das von der Laschheit der zivilen Gesellschaft überzeugt ist und als Gegenentwurf übertriebene Ideale von militärischer Disziplin pflegt.

Wer an demokratischen zivil-militärischen Beziehungen und am Bürgersoldaten in der politischen Kultur der USA interessiert ist, tut gut daran, sein Augenmerk auch weiterhin den eng miteinander verknüpften Themen der politischen Institutionen und Ideen und der strategischen Kultur zu schenken. In diesem Zusammenhang spielt der Geist der schon lange aufgegebenen Wehrpflicht in Kriegszeiten eine größere politische Rolle, als viele zugeben wollen. Die Vereinigten Staaten haben die Wehrpflicht vor fast 40 Jahren nach Ende des Vietnamkrieges inmitten der hiervon ausgelösten innenpolitischen Turbulenzen ausgesetzt. Die neoliberale Politik der frühen 1970er Jahre hatte zwei Aspekte: Zunächst galt es, die schlimmsten Auswirkungen von »Vietnam« auf die Innenpolitik zu beseitigen, indem man den Wehrdienst in seiner Bedeutung als tragende Säule des Staatsbürgertums zurückstufte. Zum anderen hatte man – in einer Zeit des begrenzten Krieges im Atomzeitalter – die Re-Professionalisierung der US-Streitkräfte im Blick. Sie sollte durch eine Reduzierung des Kräfteumfangs erreicht werden, aber auch durch eine Überbetonung der operativen Ebene der Kriegführung. Solche politischen Konzepte gehören inzwischen einer vergangenen Zeit an. Man kann daher durchaus danach fragen, wie es um die Bedeutung einer reinen Freiwilligenarmee, also der *all-volunteer force*, für die zivil-militärischen Beziehungen in der Demokratie steht, angesichts des bekannten Szenarios von irregulärer Kriegführung, gewaltbereitem religiösem Extremismus, Terrorismus sowie angesichts endloser Auslandseinsätze von überlasteten Bodentruppen der USA und ihrer Verbündeten. In den Vereinigten Staaten ist die zivil-militärische Realität immer noch durch die unausgewogene Verteilung der Lasten von Sicherheit und Verteidigung in Staat und Gesellschaft geprägt. Dies verleiht dem Thema in einem zunehmend parteiischer, zerstrittener und rauer gewordenen politischen Umfeld eine wachsende Brisanz. Ein Ergebnis dieser Entwicklung ist die besorgniserregende Erscheinung von US-Politikern, die sich in einer immer stärker polarisierten innenpolitischen Auseinandersetzung der Symbole des Soldaten und des Krieges bedienen. Welche Auswirkungen hat, so ist nun zu fragen, diese besondere Entwicklung auf die Politik im Allgemeinen, auf die Rolle des Soldaten im Staat sowie auf die politischen Ansichten in der Gesellschaft über die militärischen Institutionen und die Soldaten?

Diese Abhandlung hat die Stellung des Soldaten in Staat und Gesellschaft zum Gegenstand und untersucht die kollektive politische Erinnerung an die Wehrpflicht – oder das Phantom derselben – im öffentlichen Leben der Vereinigten Staaten. Absicht ist, eine Verbindung zwischen diesem politischen Phantom und der strategischen Wirklichkeit von heute herzustellen. Im Folgenden geht es zunächst um die Reform der militärischen Institutionen im Rahmen der politischen Kultur der USA in Vergangenheit und Gegenwart, in der Soldaten eine prominente Rolle spielen.

Die Wehrpflicht in jüngster Vergangenheit und die Politik

Die Geschichte der Wehrpflicht in den Vereinigten Staaten, von den Anfängen der Republik bis in die Zeiten des totalen und des Kalten Krieges, ist von zentraler Bedeutung für diese Untersuchung. Den Maßnahmen der späten 1960er Jahre, die zur stufenweisen Abschaffung der Wehrpflicht führten, folgten wiederum bedeutende zivil-militärische Ereignisse in der Epoche von 1969 bis 1991, auf die später genauer eingegangen werden wird.

Der »Sieg der Berufsarmee« (*victory of the all-volunteer force*) im Irakkrieg von 1990/91 schien ein Triumph der Reformen 20 Jahre zuvor zu sein. Die Fata Morgana vom begrenzten, auf High-Tech-Arsenale gestützten Krieg der 1990er Jahre (mithin die sogenannte *revolution in military affairs*) wurde nach dem Sieg am Persischen Golf und dann noch einmal während der Balkankriege Mitte der 1990er Jahre, die mit der Bombardierung Serbiens 1999 endeten, zu einer festen Größe der amerikanischen Außen- und Sicherheitspolitik. Diese Ereignisse trugen zum Ansehen des Militärs in Staat und Gesellschaft bei. Als Folge hiervon und wegen des wachsenden politischen Selbstbewusstseins der Soldaten öffnete sich in den 1990er Jahren die Kluft zwischen zivilem und militärischem Bereich in der politischen Kultur der USA weiter. Zudem erlebte die Innenpolitik infolge des sich verschärfenden Konfliktes zwischen Republikanern und Demokraten einen Wandel. Die Abschaffung der Wehrpflicht hatte auf längere Sicht zur Folge, dass die meisten Bürger, insbesondere die Mitglieder der Eliten, immer weniger direkte Erfahrungen mit dem Militärischen machten, sei es bei der Entwicklung von Strategien im Generalstab oder auch nur im Ausschmücken von Kasernen. Auf diese Weise erhielten die törichten Ansprüche derjenigen Auftrieb, die von der Taktik als Trumpfkarte der Strategie überzeugt waren. Diese Entwicklung verstärkte einerseits die Kastenmentalität der Männer und Frauen in Uniform. Andererseits führte sie dazu, dass eingeschüchterte Zivilisten von Powerpoint-Vorträgen überwältigt wurden, die von Abkürzungen aus der militärischen Fachsprache nur so wimmelten.

Dann kam der Terroranschlag auf die Vereinigten Staaten vom 11. September 2001. Er konfrontierte die Verteidigungsreformen der 1970er Jahre und ihr Vermächtnis mit einer neuen strategischen Wirklichkeit, angesichts derer sich die Abschaffung der Wehrpflicht immer stärker als nationale Schwäche erwies. Die »Fachidioten« in den Generalstäben und Denkfabriken waren in der Vorstellung befangen gewesen, das den Krieg prägende Zusammenspiel von Glück, Zorn und Gewalt mittels hervorragender Munition und übernatürlicher Führungsfähigkeiten außer Kraft setzen zu können. Solche Vorstellungen vergingen in der Asche von vier abgestürzten Passagierflugzeugen und zwei eingestürzten Wolkenkratzern. Doch erlebte die amerikanische Politik angesichts der Bedrohung durch Al-Qaida nun keineswegs eine geeinte Heimatfront im Krieg und auch nicht das Ende des parteipolitischen Gezänks. Stattdessen entfesselte der öffentliche Unmut über die umstrittenen Wahlen vom Jahre 2000 die Dämonen der Parteipolitik, während gleichzeitig die Illusion eines raschen Sieges im Irak und in Afghanistan den Weg für strategische Fehler der schlimmsten Art bereitete.

In den ersten Jahren der neuen Dekade des sogenannten langen Krieges (»*long war*«), auch als »*Global War on Terror*« bezeichnet, schickte die Regierung von George W. Bush auch ehemalige Soldaten aus Donald Rumsfelds Propagandaapparat in den Einsatz an der Front und in der Heimat. Dort übten sie zum einen militärtaktische und -operative Funktionen aus und zum anderen Funktionen auf höchster staatlicher Ebene. Dieselbe Regierung trug aber auch viel dazu bei, das Ansehen des Soldatenberufs in Misskredit zu bringen, etwa durch die Demütigung des Stabschefs des Heeres, Eric Shinseki, im Kongress und später in Form des öffentlichen »Todesstoßes«, der dem Außenminister und ehemaligen General Colin Powell im UN-Sicherheitsrat zugefügt wurde. (Powell war der lautstärkste Protagonist einer »Niemals wieder«-Fraktion – »*never again*« *school* –, die sich gegen eine begrenzte Kriegführung und Interventionspolitik wendete.) Durch diese Entwicklung wurden Soldaten in einem Ausmaß politisiert, wie es wahrscheinlich in den letzten einhundert Jahren der Geschichte der Vereinigten Staaten nicht vorgekommen ist.

Die Regierung von Barack Obama spielte 2009 mit dem Gedanken, die Wehrpflicht wieder einzuführen, als sie beschloss, den Feldzug in Afghanistan zu intensivieren, um damit letztlich den völligen Abzug der US-Streitkräfte vorzubereiten. Die Notwendigkeit, die nationalen Energien in einem außergewöhnlich schwierigen Einsatzgebiet zu verdoppeln, wurde im Schatten der weltweiten Wirtschaftskrise und der Kriegsmüdigkeit in den Vereinigten Staaten nur allzu offensichtlich. Obamas Versuch, bei einer jungen Generation, die sich weder in der Politik noch für einen nationalen Dienst engagierte, die Gedanken von staatsbürgerlichen Pflichten und den bürgerlichen Idealismus wieder zu erwecken, kollidierte schon bald mit der Erfordernis, den Einsatz im Irak zu beenden und jenen in Afghanistan vorläufig zu intensivieren. Obama verzichtete auf die Wiedereinführung der Wehrpflicht, weil er eine Reform von Strategie und Operationsführung versprochen hatte, die dann in den letzten Phasen des Einsatzes im Irak umgesetzt wurde. Die Doktrin für die Bekämpfung Aufständischer (*counterinsurgency doctrine*), die sich auf Tradition und Erfahrung der Spezialkräfte und dabei auf das Vermächtnis imperialer Kriegführung im 19. und 20. Jahrhundert stützt, lässt der Idee vom Bürger in Uniform allerdings kaum Spielraum.

Politische Kultur, Staatsbürgerschaft, Neo-Konservatismus und seine Kritiker

Die Militärdoktrin des 21. Jahrhunderts ist weder Ende noch Ausgangspunkt dieser Untersuchung. Besonderes Interesse verdienen auch die Ideen, die der gegenwärtigen Politik und Strategie im Kern zugrunde liegen. Dabei darf nicht vergessen werden, welche Reaktion diese Ideen bei denjenigen auslösten, die für das Ideal des Bürgersoldaten stehen. Die neo-konservativen Vertreter der Denkfabriken und Universitäten, die sehr viel zu den Themen Krieg, Soldatentum und Gesellschaft beitragen, verdienen wiederum eine eigenständige historische Untersuchung, die über den Rahmen dieser Arbeit hinausgeht. (Für Europäer stellt der Neo-Konservative, wie er als Entschuldigung und Erklärung für den kriegerischen, ja, militaristischen

Charakter der politischen Kultur der Vereinigten Staaten in den 1990er Jahren herhalten muss, bestenfalls eine Karikatur dar.) Man kann nicht ernsthaft behaupten, die Neo-Konservativen alleine hätten den Staat und die Gesellschaft der Vereinigten Staaten durch ihre Taten militarisiert. Das Phänomen ist komplexer und vielschichtiger.

Die Gedanken und Taten der Neo-Konservativen in den turbulenten Zeiten des Krieges von 2002 bis 2003 bilden jedoch einen geeigneten Ausgangspunkt für unsere Fragestellung, nachdem ihre Politik mittlerweile praktisch gescheitert ist und im Laufe des letzten Jahrzehnts die Kritik umsichtiger Beobachter auf sich gezogen hat. Tatsächlich war der Rauch der Terroranschläge über Manhattan und im nördlichen Virginia kaum verzogen, als sich die Gelehrten die tendenziösen Ansichten von Robert Kagan bezüglich des martialischen Charakters der amerikanischen und des verweichlichten Charakters der europäischen Gesellschaft begeistert zu Eigen machten. Inzwischen präsentierte der stellvertretende Verteidigungsminister Paul Wolfowitz seine große Strategie, welche die Demokratisierung der arabischen Welt mit Waffengewalt unter der kompetenten operativen Führung von General Tommy Franks vorsah. Mithilfe der neo-gaullistischen Troika Gerhard Schröder, Jacques Chirac und Wladimir Putin in den Jahren 2001/02 stand Kagan zunächst im Rampenlicht, um bald darauf angesichts der Aufstände im Irak und der Grausamkeiten im Gefängnis von Abu Ghraib im Jahre 2004 mitsamt den Neo-Konservativen die Orientierung zu verlieren. Wie seine anderen anti-europäisch eingestellten Kollegen in den rechtsgerichteten Intellektuellenkreisen von Washington, konnte sich Kagan kaum vorstellen, dass sich das verweichlichte Europa in Gestalt von Frankreich unter Nicolas Sarkozy am Ende des Jahrzehnts wieder in die integrierte militärische Struktur der NATO einfügen, in den afghanischen Kriegsschauplatz beträchtliche Kampfkraft einbringen und an der Seite der Vereinigten Staaten unter schwierigsten Bedingungen kämpfen würde.

Ein Berufsoffizier aus West Point und Veteran des Vietnamkrieges, Andrew Bacevich, wurde zum heftigsten und überzeugendsten Kritiker der Neo-Konservativen. In seinen neueren Arbeiten hat er die Fallstricke für die Staatsführung ganz allgemein untersucht. Bacevich sieht sich dabei in der Tradition von Soldaten wie etwa General David Shoup, Befehlshaber des Marine Corps in den 1960er Jahren, die zu Gegnern der US-Politik wurden und diese Politik in der Zeit des Kalten Krieges, vor allem während des Vietnamkrieges, massiv kritisierten. Shoup verfasste 1970 ein Buch über den US-Militarismus, einen Begriff, den Bacevich mit bemerkenswertem sprachlichem Geschick für einen sehr viel grundsätzlicheren Ansatz vereinnahmte, dem es um die Förderung konservativer Werte in der Gesellschaft geht. Diese Wertvorstellungen lassen sich zum Teil aus Bacevichs Katholizismus ableiten, zum anderen aus der konservativen soldatischen Ethik, die sich in Samuel Huntingtons Werk »The Soldier and the State« (1957) auf nicht unproblematische Weise idealisiert findet. Bacevich vertritt damit auch die klassische republikanische und nicht-interventionistische Tradition in der amerikanischen politischen Kultur, die sich auf die verfassungsrechtlichen Gebote des 19. und 20. Jahrhunderts beruft.

In Arbeiten wie »The New American Militarism« (2005) oder »The Limits of Power« (2008) beschreibt Bacevich die Entwicklung der US-Streitkräfte als Institution der Regierung, in gesellschaftlicher Hinsicht und in ihrer öffentlichen Wahrnehmung. Seine Arbeit zum Militarismus in den Vereinigten Staaten von heute beinhaltet eine eher allgemeine Gesellschaftskritik der US-Zivilisation, die erheblich von den bürgerlichen Werten des Anti-Militarismus, der Sparsamkeit, des Anstands und damit von einem staatsbürgerlichen Ideal abgewichen sei, wie sie noch Alexis de Tocqueville im 19. Jahrhundert oder Booth Tarkington im frühen 20. Jahrhundert beschrieben haben. Bacevich verurteilt insbesondere den Wandel in den zivil-militärischen Beziehungen und die seit den 1980er Jahren wachsende romantische Verklärung des Krieges im öffentlichen Bewusstsein. Damit ist die bemerkenswerte Veränderung in den Werten und Ansichten der Eliten wie auch der breiten Bevölkerung gemeint, dies sich seit dem Zeitalter des totalen Krieges vollzogen hat, als der Wehrdienst noch eine allgemein anerkannte staatsbürgerliche Einrichtung in Staat und Gesellschaft war.

Der Wehrdienst des Bürgersoldaten im Zeitalter des totalen Krieges stand in einer noblen Tradition, die aus der griechischen und römischen Antike stammte und Eingang in die englische verfassungsrechtliche Praxis gefunden hatte. Sie war von Machiavelli hoch gepriesen worden und in der Französischen Revolution zu einer bemerkenswerten Kraft geworden: Der Bürger in Uniform ist demnach der Soldat als Bürger und politisches Subjekt, der im Rahmen seiner Dienstpflicht die Rechte und Freiheiten seines Nationalstaates und seine Verfassung mit der Waffe verteidigt. Diese Tradition schien durch die Studentenproteste gegen den Vietnamkrieg untergraben worden zu sein. Als Institution der Landesverteidigung wurde sie in den Vereinigten Staaten der 1970er Jahre zugrundegerichtet. Die Zurückstellung vom Wehrdienst für College-Studenten – also das Recht der Angehörigen der mittleren und oberen Mittelschicht in der Zeit zwischen 1948 und 1972 – wurde allgemein ausgeweitet, als die Wehrpflicht bis zum unwahrscheinlichen Ausbruch eines dritten Weltkrieges eingemottet wurde. Nach Bacevich reflektiert das Soldatentum im Rahmen der postmodernen zivil-militärischen Beziehungen des 21. Jahrhunderts ein Zeitalter des Konsums, der Ruhmsucht und der Verschwendung, in dem politische Gewalt allgegenwärtig geworden ist. Die eigentlichen Kampfhandlungen bleiben einer kleinen Gruppe der US-Gesellschaft vorbehalten, deren Kastenbewusstsein und gesellschaftliche Exklusivität in dem Maße gewachsen ist, wie sich die Kriege, in denen ihre Angehörigen kämpften, über die letzten beiden Jahrzehnte hingezogen haben. (Freilich handelt es sich dabei um Kriege, in denen sich, gemessen am Krieg des 20. Jahrhunderts, das Ausmaß der Gewalt in Grenzen hält.)

Zur selben Zeit erschöpft sich die militärische Aktivität der US-Bevölkerung hauptsächlich darin, Bilder der vergangenen und gegenwärtigen militärischen Heldenverehrung sowie Bilder verschiedener Erscheinungsformen einer Waffentechnologie zu konsumieren, die kaum noch von der Science-Fiction-Technik aus Hollywood zu unterscheiden ist. Ein Film über Spezialisten für Kampfmittelräumung im Irak hat 2010 den Oscar gewonnen, und eine Fernsehserie von Steven Spielberg über den US-Feldzug im Pazifik während des Zweiten Weltkriegs erfreute sich einer Aufführung im Weißen Haus. Die Bürger der Vereinigten Staaten wurden auch zum passiven Publikum einer von der Regierung Bush/Rumsfeld außergewöhnlich engstirnig interpretierten strategischen Analyse. Diese wurde in den Kabelnachrichtensendern von ehemaligen Generalen und Admiralen als Propagandisten vorgetragen, deren Korruptheit später eine Presse entlarvte, die sich selbst zu spät ihrer verfassungsmäßigen Rolle erinnert hatte. Ganz überwiegend jedoch engagierten sich die US-Bürger in den letzten zehn Jahren für den Militärdienst, indem sie ihre Schuldgefühle durch Aufkleber mit gelben Bändern am Heck ihrer Geländewagen zum Ausdruck brachten. Zudem verbreitete sich Resignation angesichts der steigenden Zahl von Gefallenen, deren Gesichter etwa monatlich auf den Hochglanzseiten des »People Magazin« erscheinen. Nach Auffassung von Bacevich haben Soldaten sowie ihre Legenden, Doktrinen, Arsenale und Privilegien eine unverhältnismäßig große politische und symbolische Bedeutung in einer Gesellschaft erhalten, in der die Männer und Frauen unter Waffen (vor allem die höheren Dienstgrade unter den Berufssoldaten) nur einen sehr kleinen Bruchteil der Gesamtbevölkerung darstellen.

Die Zeit seit den späten 1960er Jahren bis in die jüngste Vergangenheit hat die Streitkräfte und ihr Verhältnis zur amerikanischen Gesellschaft in höchst besorgniserregender Weise verwandelt, die den allgemeinen Wandel in den Vereinigten Staaten auf politischem und gesellschaftlichem Gebiet erkennen lässt. Im Zuge dieser Entwicklung ging die traditionelle Rolle des Bürgersoldaten verloren; die mit ihr verbundene nationale und gesellschaftliche Bedeutung des Soldatenberufs schwand; im Gegenzug nahm der passive Konsum von Symbolen und Bildern zu – wie in so vielen Bereichen der Gesellschaft. Der amerikanische Bürger nimmt den Krieg über die Medien wahr – im Fernsehen, in den Zeitungen, im Internet und in Filmen, wo die Vergötterung der militärischen Berühmtheiten mit der Verdammung derjenigen kontrastiert, die den strategischen Geboten allzu kritisch gegenüberstehen. Untermalt wird das Ganze mit unzähligen Bildern von Explosionen, die seltsamerweise »kinetische Effekte« genannt werden – nach Art Orwell'scher *newspeak* – und die sich in unwirtlichen Wüsten- und Gebirgsregionen ereignen. In diesen Bildern sind selten, wenn überhaupt jemals, getötete Feinde, unschuldige Zivilisten, unsere eigenen Truppen oder irgendwelche anderen Auswirkungen des Konfliktes auf Menschen zu sehen. Die menschliche Dimension des Kämpfens und Sterbens im Dienst der Nation findet sich immerhin angedeutet, wenn es aus Gründen widerwärtiger Sensationsgier wie während des Vietnamkrieges zur Zählung der Verluste kommt, begleitet von klangvollen Zusammenfassungen des jüngsten Kampfgeschehens durch CBS-Reporter Walter Cronkite.

Soldat und Staatsmann(-frau) versus Militarist/ Militärdesperado/Militärunternehmer

Wie konnte es geschehen, dass sich die im innenpolitischen Leben feststellbare wachsende Bedeutung der Soldaten zunehmend auch der nationalen Politik bemächtigte? Und dies, obwohl infolge der fehlenden Wehrpflicht nur wenige Amerikaner selbst Erfahrungen mit dem wirklichen Krieg gemacht haben. Das Kriegsethos der Bush-Regierung hat ebenso wie die zivil-militärischen Spannungen der Anfangsjahre des *Global War on Terror* dazu geführt, dass Soldaten und insbesondere hochrangige Offiziere in einem alarmierenden Ausmaß politisiert wurden. Die plumpe

Propagandakampagne unter Verteidigungsminister Rumsfeld von 2004 bis 2006, bestückt mit ausgewählten Ex-Generalen, die in den Aufsichtsräten der Luftfahrt- und Rüstungsindustrie saßen und als all-kompetente Medienexperten auftraten, beschädigte die in der Verfassung verankerte Tradition des politischen Primats. Sie entwertete darüber hinaus den Grundsatz der politischen, speziell innenpolitischen Neutralität des Soldaten. Die schlechten Beziehungen zwischen Rumsfeld und dem Führungspersonal seines Office of the Secretary of Defense einerseits und dem höheren Offizierkorps andererseits stellten eine weitere Belastung für die zivil-militärischen Beziehungen dar und beeinträchtigten diese nachhaltig. Beide Seiten – die zivile wie die militärische – trugen eine gewisse Mitschuld an den strategischen Missgeschicken der Nation. Doch gelang es den Männern und Frauen in Uniform sehr bald, eine gegen Rumsfeld gerichtete »Dolchstoßlegende« (*stab-in-the-back legend*) ins Leben zu rufen, um ihm ungeachtet der Tatsachen die Hauptschuld zuzuschieben. In diesem Phänomen ist ein Muster zu erkennen, das der politischen Praxis im Europa des 19. und 20. Jahrhunderts entlehnt ist. Diesem Muster folgend, betrieben in den 1960er Jahren einige hohe Offiziere die Dämonisierung von Robert McNamara.

Während der Irakfeldzug in der Aufstandsbewegung der Jahre 2003 und 2005 stecken blieb, fiel drohend der Schatten des postmodernen »*man on horseback*« (General George Boulanger, 1837–1891) auf die Wahlkampagne von 2006. Diese Kampagne war geprägt von der unheilvollen und tendenziösen »Revolte der Generale«, die einige undiplomatische und mediengeile Ex-Generale gegen Rumsfeld anzettelten, obwohl sie ehemals in dessen Gunst gestanden hatten. Nach den Zwischenwahlen im Herbst 2006 stürzte Rumsfeld in die Niederungen des politischen Vergessens – was er sicherlich auch verdiente. Doch gereichte der viel zu späte und zu schwache Protest der »TV-Generale und -Obersten« auch diesen kaum zur (Soldaten-)Ehre, hatten sie sich doch 2003 während des Martyriums von Eric Shinseki und Colin Powell auffällig still verhalten.

Auch Barack Obama machte, obwohl seine Biografie kaum Berührungspunkte zu den Streitkräften aufweist, dennoch Berufsmilitärs zu seinen Beratern, die allerdings nicht jene quasi-prätorianischen Sitten von 2006 pflegten. Und so steht die Politisierung hochrangiger Offiziere während der zweiten Amtszeit der Bush-Regierung im scharfen Gegensatz zu der zivil-militärischen Bilanz von 2008/09. Die unglückliche Wahlkampagne des McCain-Lagers im Jahre 2008 offenbarte, dass man mit der schwindenden Anziehungskraft des Vermächtnisses aus dem Vietnamkrieg die 18-Jährigen sowohl rational als auch emotional kaum noch gewinnen kann. Die Kampagne machte allein unter diesem Aspekt den Fortschritt auf dem Weg zur »Entmilitarisierung« des nationalen Lebens deutlich: Ablesen lässt sich dieser Prozess auch an der soliden Führung des Verteidigungsministeriums durch Robert Gates und den Vorsitzenden der Joint Chiefs of Staff, Admiral Michael Mullen, denen es gelungen ist, das militärische Leben wieder den Prinzipien der politischen Unparteilichkeit unterzuordnen, ganz in der Tradition vom General George C. Marshall.

Wie aber manifestiert sich Militarismus – wenn dieser denn existiert – auf der lokalen Ebene der amerikanischen Politik, wo Generale eher seltener anzutreffen sind? Um die Politisierung der Soldaten und den Missbrauch des Bürgers in Uniform in der Gegenwart zu untersuchen, kann man danach fragen, wie sich militärische Biografien in der Innenpolitik einst und heute bemerkbar machten bzw. machen. Mit anderen Worten: Wurde die Tradition des Bürgersoldaten in der Gegenwart derart pervertiert, dass dies all jene alarmieren sollte, die auf den Zustand der amerikanischen Demokratie in Kriegszeiten ein wachsames Auge haben?

Katherine Jenerette, eine junge Republikanerin, die für die Zwischenwahlen zum Kongress 2010 kandidierte, entfaltete eine bemerkenswerte Internetpräsenz, um ihre politischen Geschicke zu befördern. Ganz dem vorherrschenden Zeitgeist verpflichtet, enthält ihr Wahlkampfmaterial keine schriftlichen Verlautbarungen, sondern besteht aus einer illustrativen wie kontrastreichen Fotostrecke: Auf einem Bild sieht man eine attraktive, lächelnde junge Frau im T-Shirt, barfuß und mit lackierten Fußnägeln. Im Gegensatz dazu zeigt sie ein anderes Foto in einem blauen Kostüm, dabei in ruhiger Haltung, mit der Hand auf einem Buch zur Geschichte von South Carolina, also dem Schauplatz, wo der Amerikanische Bürgerkrieg begann. Denn schließlich weist die Kandidatin nicht nur auf ihre Rolle im örtlichen Wirtschafts- und Sportleben hin, sondern sie stellt sich auch als außerplanmäßige Professorin für Geschichte vor. Weiterhin erblicken wir Frau Jenerette im Abendkleid – ein kleiner Hinweis auf ihre Teilnahme an Schönheitswettbewerben – sowie im typischen Outfit der Vorstadtmutter von nebenan (obwohl sie im Bild gerade in einen Pickup der Marke Dodge steigt und nicht in einen Minivan). Ganz oben auf der Website sieht man ein Foto von Jenerette im Kampfanzug, ein M-16-Sturmgewehr hochhaltend. Dieser soldatische Bezug beherrscht die gesamte Seite, lenkt sogar vom Mädchen mit den lackierten Zehennägeln ab. Aus all dem kann man ableiten, dass Frau Jenerette eine »klassische« politische Karriere in South Carolina durchlaufen hat – was immer das im geplagten Palmetto State bedeuten mag –, und dass sie innerhalb der Republikanischen Partei ihren Weg gemacht hat, wie viele andere ihrer Kollegen als Berufspolitiker auch. Doch bleibt ihre militärische Biografie der hervorstechendste Aspekt in ihrer Selbstdarstellung. Ihre Rolle als Sportlerin, als Mutter, als politische Mitarbeiterin eines Kongressabgeordneten und auch jene als Fahrerin eines Pickups – all dies wird der Darstellung ihres Militärdienstes während des Golfkrieges von 1990/91 und ihrer anschließenden Karriere als Reservistin der U.S. Army untergeordnet.

Im Amerika vor den 1960er Jahren wäre eine solche Biografie wenig bemerkenswert gewesen, jedenfalls für einen Mann.[1] Der Bürgersoldat als politische Persönlichkeit hat in den Vereinigten Staaten eine ebenso lange Tradition wie

[1] Früher stellten Soldatentum und Kriegführung einen zentralen Aspekt männlicher Existenz dar. Heute teilen sich Männer und Frauen in Waffen diesen Lebensbereich, wie es der heutigen amerikanischen Gesellschaft mit ihrem modernen Geschlechterverständnis gut ansteht – ungeachtet der ebenso steinzeitlichen wie sexistischen Kommentare eines Beobachters wie Martin van Creveld, der die Ansicht vertritt, dass Frauen an den Waffen den Niedergang der Kriegstugenden bedeuten. Die Emanzipation der Frau gilt auch für die Kriegsberichterstattung, bei der es um die mediale Darstellung von organisierter Gewalt zu einem vernünftigen politischen Zweck geht. Dieser Beruf wurde in heutigen Zeiten schnell wechselnder Machtverhältnisse in den Redaktionen jüngst von Frauen erobert, wohingegen er während des Zweiten Weltkriegs oder des Vietnamkriegs ein Reservat für den männlichen Abenteurer war. Will man dies und die Bedeutung des Bürgersoldaten

in Großbritannien oder Frankreich – allerdings ohne den Schwefelgeruch von Kartätschen oder anderen bonapartistischen Blüten. Angenommen jedoch, dass es den von Bacevich so gut erklärten Militarismus tatsächlich gibt – besonders in jener für die letzte Amtsperiode von Bush typischen Vielfalt – dann fällt es schwer, die jeweiligen Elemente der Karriere von Frau Jenerette richtig einzuschätzen. Kann man Jenerette etwa in der Tradition von Ulysses S. Grant, Theodore D. Roosevelt und Harry S. Truman sehen – also von Soldaten und Bürgersoldaten, die sich die demokratische politische Kultur zu Eigen machten, in ihrem gewählten Amt erfolgreich waren und dabei immer die Verfassung hochhielten?[2]

Auf der anderen Seite gibt es jedoch auch eine düsterere und beunruhigendere Lesart der Botschaft von Frau Jenerettes Wahlkampagne, die mit Bacevichs These vom Militarismus übereinstimmt. Danach sind Soldaten den Zivilisten politisch überlegen, weil sie den Tugenden der Pflichterfüllung, der Ehrhaftigkeit und des Dienstes am Vaterland gehorchen. An dieser Stelle fühlt man sich an einen Artikel im »Wall Street Journal« von 2009 über höhere Bildung erinnert, in dem gewisse Meinungsmacher die ähnliche (und verwandte) Idee propagierten, dass die United States Military Academy (USMA) eine bessere Universität sei als Harvard, Princeton oder Yale – eben wegen der dort vermittelten Gebote des Kampfes, der Charakterstärke und der Selbstaufopferung. Anders ausgedrückt besteht für Studenten der Stanford Graduate School of Business kaum Veranlassung, Gefallenenlisten über ihre Klassenkameraden zu führen, da sie sich auf ein Leben für das innovative Investmentbanking vorbereiten, das allerdings seit der Weltfinanzkrise von 2008 alles andere als nobel erscheint. Seinen Job bei Lehman Brothers zu verlieren, kann eben kaum gleichgesetzt werden mit dem Verlust eines Armes oder Beines durch eine Sprengfalle an der irakischen oder afghanischen Front. Im Wesentlichen gelangt der Artikel zu dem Schluss, dass Kadetten von West Point den Zivilisten überlegen sind, weil sie mit der Feuertaufe rechnen müssen und weil sich Pflichterfüllung und Ehrbewusstsein charakterbildend auf die jungen Männer und Frauen auswirken.

Tatsächlich wird es den US-Bürgern an den Eliteuniversitäten und auch sonst überall verwehrt, in Kriegszeiten ihre kriegerischen Tugenden unter Beweis zu stellen, seit vor mehr als einer Generation die Wehrpflicht ausgesetzt wurde. Ein Übriges trägt hierzu die gemischte Bilanz des Ausbildungsprogramms für die Reserveoffiziere (Reserve Officer Training Program, ROTC) bei, das von »Alt-Hippies« in gesicherten

in der amerikanischen Demokratie verstehen, sollte man sich dem Schicksal von Soldatinnen in der Welt der Politik als einem lohnenswerten Forschungsgebiet zuwenden.

2 In der Folge des Amerikanischen Bürgerkriegs gelang nur wenigen Männern eine politische Karriere, ohne Mitglied der *Grand Army of the Republic* zu sein, einer Veteranenorganisation der Unionsarmee. Solche Veteranenorganisationen entwickelten sich in der Zeit des totalen Krieges und bis in die Ära des Kalten Krieges hinein weiter. Um die Mitte des 20. Jahrhunderts waren im öffentlichen Leben viele prominente Bürgersoldaten vertreten, unter ihnen als bekanntester sicherlich John F. Kennedy. Und Elvis Presley leistete während der Präsidentschaft von Eisenhower seinen Dienst in Uniform bei der Vorneverteidigung von Westdeutschland. (Es war übrigens Dwight Eisenhower, der im besten Sinne für eine rasche und sichere Anpassung der militärischen Rolle des Bürgers sorgte und sich am Ende seiner Karriere als Kritiker der aufkeimenden Kräfte des Militarismus erwies.) Heute ist der Wehrdienst einer Berühmtheit wie Presley nicht recht vorstellbar, mit Ausnahme einiger prominenter Athleten, die dem »Ruf zu den Waffen« folgten und in den Irak oder nach Afghanistan gingen.

Positionen ausgehöhlt wurde.[3] Weiterhin macht sich negativ bemerkbar, dass man in zunehmendem Maße auf Hightech-Waffensysteme setzt und in ihnen ein taktisches Ersatzmittel für ein gesamtstrategisches Konzept und für die Tradition der nationalen Mobilmachung in Krisen- und Kriegszeiten sieht. Die von der angetretenen grauen Front an der USMA eingeschüchterten Journalisten vergessen in der Regel, diese zivil-militärischen Zusammenhänge zu berücksichtigen, wenn sie – ansonsten durchaus gerechtfertigt – den vorbildlichen Charakter und das Ehrbewusstsein der USMA-Kadetten loben. Dies sind nämlich Eigenschaften, die in der Welt der TV-Reality Shows, der Hollywood-Studios, der New Yorker Investmentbanken und der Gefängnisse für die Wirtschaftskriminellen der jüngsten Finanzkrise kaum zu existieren scheinen. Ebenso wenig sehen jene Journalisten, die sich für militärische Insignien sowie Zucht und Ordnung begeistern, dass ihre Argumente, konsequent zu Ende gedacht, dem Ideengut von Ernst Jünger oder sogar Ernst Röhm gefährlich nahe stehen. In deren Jugend verbanden sich solch kultureller Pessimismus und romantischer Nihilismus mit einem weit verbreiteten Militarismus zu weit weniger erbaulichen Zwecken.

Die vermittelte Botschaft geht sogar noch weiter, zumindest in der folgendermaßen implizierten Weise: Soldaten sind auch den Menschen in »bürgerlichen« Berufen überlegen, da sie um den Wert von Befehl und Gehorsam wissen. Das aber läuft auf nichts weniger als die Forderung hinaus, das Wesen der pluralistischen Politik in gewisser Weise an die Erfordernisse einer militärischen Hierarchie anzupassen. Es bedeutet ferner, die Ideale soldatischer Tugenden, die letztlich von einer kleinen Minderheit in der Gesellschaft gepflegt werden, dem System der Gewaltenteilung nach amerikanischer Tradition vorzuziehen, ganz besonders jedoch den angeblichen Lastern und Defiziten der Zivilgesellschaft: ihrer Dekadenz, ihrem Materialismus, ihren sexuellen Perversionen sowie ihrer notorisch beschränkten wie wechselhaften Konzentrationsfähigkeit.

Man kann sich fragen: Hätte die Bush-Regierung nach den Anschlägen des 11. September die Wehrpflicht wieder eingeführt und höhere Steuern beschlossen – und somit auf eine gleichmäßige Verteilung der Lasten ihrer Kriegspolitik gedrängt –, wären dann derartige Wahlkampfslogans von der Überlegenheit der Soldaten gegenüber den Politikern so wirksam, wie sie es heute beim politischen Lager rechts der Mitte anscheinend sind? Die dort vorhandene Ideenwelt leitet sich zum Teil aus dem Konsum von Bildern voller militärischer Ideale ab. Sie erklärt sich andererseits damit, dass man der Missstände in der Zivilgesellschaft, wie sie angeblich für jedermann ersichtlich sind, einfach müde ist. Dabei ist es unerheblich, ob die jeweiligen Betrachter über direkte Erfahrung auf dem Gefechtsfeld oder auch nur auf dem Exerzierplatz verfügen. Die Klischees, die uns derart begegnen, verraten mehr über die politischen Ängste und Träume von Zivilisten als über die Realität militärischen Lebens mit all seinen Schattenseiten und Vorzügen.

---

3 Nach Abschluss der Arbeit an diesem Manuskript im Jahr 2011 haben einige führende Elite-Universitäten das ROTC-Programm wieder eingeführt, nachdem diskriminierende Regelungen gegen Homosexuelle in den Streitkräften aufgehoben wurden.

Um wieder auf die Wahlen in South Carolina zurückzukommen: Die negative Bewertung der Wahlkampagne von Frau Jenerette ist vielleicht nicht gerechtfertigt und auch nicht fair. Doch ist sie jedenfalls nicht abwegig, wenn man heute, nach fast einem Jahrzehnt des Konflikts, den aktuellen Zustand der politischen und strategischen Kultur in den USA betrachtet. Die lange Phase irregulärer Kriegführung sowie die Vermischung von Zivilem und Militärischem, wie dies in allen westlichen Demokratien als Nebeneffekt der Aufstandsbekämpfung (*counterinsurgency*) zu beobachten ist, haben unausweichlich das zivil-militärische Verhältnis belastet. Auf die Vereinigten Staaten trifft dies umso mehr zu, als die Bush-Regierung die Einmischung von Soldaten in die Innenpolitik besonders förderte und hierdurch ideale Bedingungen für das Entstehen von Militarismus und Prätorianismus schuf.

Die strategische Kultur und das nationale Leben der Vereinigten Staaten erfuhren zum Teil deshalb solche Veränderungen, weil in der jüngsten Vergangenheit das neoliberale Dogma und die Doktrin des Outsourcing aus der Wirtschaft auf militärische Belange übertragen und angewendet wurden. Dieses Phänomen der dominanten Anwendung von Marktprinzipien auf Kriegführung und militärische Institutionen ging wiederum eine unheilvolle Verbindung mit den Kollateralschäden anderer Phänomene ein. Gemeint sind das Scheitern der *revolution in military affairs* der 1990er Jahre, das Aufkommen der Counterinsurgency-Doktrin sowie die improvisierte Taktik, Militärschläge mit geflügelten Killerrobotern gegen Verstecke und Lager von Al-Qaida zu führen. In der Summe haben all diese Entwicklungen das Konzept eines »Bürgertums in Waffen« (*citizenship at arms*) immer weiter ausgehöhlt. Nur einige unglückliche Angehörige der Nationalgarde und der Reserve von Heer und Luftwaffe wurden, noch dazu gegen ihren Willen, zum Wehrdienst eingezogen, vor allem während der ersten Kriegsjahre im Irak und in Afghanistan.

Der Bürgersoldat und die Wehrpflicht in Vergangenheit und Gegenwart

Die geschilderten Probleme im Verhältnis von bewaffneter Macht und Gesellschaft werfen keinen Schatten auf die Wehrpflicht mit ihrer langen Geschichte und Tradition. Ebenso wenig lassen sie an der nach wie vor großen Bedeutung des Bürgers in Uniform für die Demokratie in den Vereinigten Staaten zweifeln. Von der Gründung der Republik bis in die zweite Hälfte des 20. Jahrhunderts hinein hat das Ideal vom Militärdienst als Wesensbestandteil des Staatsbürgers, und somit der Bürger in Uniform, den Vereinigten Staaten gute Dienste geleistet. Diese Institution sicherte den Fortbestand der in der Verfassung verankerten Werteordnung und sorgt zudem für das Gleichgewicht zwischen den Bedürfnissen der Zivilgesellschaft und den Anforderungen der nationalen Verteidigung in der jeweiligen Zeit – selbst in der Ära des Kalten Krieges.

Die Gestalter der Verfassung sahen hauptsächlich ein Milizsystem nach mittelalterlichem englischem Vorbild vor, das sich überwiegend auf die bewaffnete Bürgerschaft stützte und mit einer kleinen Armee und Marine auskam. (Die reflexhafte Abscheu Amerikas vor großen stehenden Heeren, wie sie zumindest theoretisch besteht, rührt aus der Zeit des Englischen Bürgerkrieges und der Glorious Revolution her, als Söldner plündernd durch die Lande zogen. Wenn auch dieser Kontext in keiner Weise zu den amerikanischen Verhältnissen passt, halten die Amerikaner doch hartnäckig an ihrem diesbezüglichen Instinkt fest, was sich bis in den Zweiten Zusatzartikel der US-Verfassung hinein bemerkbar macht. Im frühen 19. Jahrhundert setzten die politischen Führer der Vereinigten Staaten auf das Prinzip der erweiterbaren Armee (*expansible army*), das in Kriegszeiten auf Freiwillige setzte, um die nötige Kampfstärke zu erreichen, und, in Friedenszeiten, wieder abgebaut werden musste. Nachträglich imitierte man dann europäische Vorläufermodelle der Wehrpflicht während des Amerikanischen Bürgerkrieges. Das System der erweiterbaren Armee (sowie der Marine und später auch der Luftwaffe) wurde im Zeitalter des totalen Krieges immer weiter perfektioniert.

Die Wehrpflicht während des Amerikanischen Bürgerkrieges war zwar alles andere als beliebt, doch verhalf sie den auch politisch, wirtschaftlich und gesellschaftlich potenteren Nordstaaten zum Triumph über die Konföderierten, die für diesen totalen Krieg nur über begrenzte Kapazitäten an Menschen und Material verfügten. Dieser Sieg beruhte weniger auf der Leistung einer handvoll bekannter Generale als vor allem auf dem Opfer, das Millionen von Bürgersoldaten erbrachten. Eine wichtige Institution für den Bürger in Uniform wurde in den Jahren nach dem Bürgerkrieg an staatlichen Colleges im Mittleren Westen gegründet: das Ausbildungskorps für Reserveoffiziere (später, im 20. Jahrhundert, Reserve Officer Training Corps genannt). Im selben Zeitraum wuchsen, bedingt durch den Militarismus des späten 19. Jahrhunderts, die europäischen Armeen auf, wohingegen die Vereinigten Staaten die Stärke von Heer und Marine stark reduzierten.

Während des Ersten Weltkriegs wurde mit dem Selective Service Act von 1917 die Wehrpflicht erneut eingeführt, um mit der Kampfstärke der Mittelmächte gleichziehen zu können. Als Folge hiervon wendeten sich die Geschicke im Sommer 1918 zugunsten der Entente. Der Selective Service Act bildete nach dem Weltkrieg auch die Grundlage für die Gesetzgebung zu einer weitergehenden Militärreform. Sie orientierte sich an dem Ideal der bewaffneten Bürgerschaft nach dem Vorbild des Schweizer Modells und wurde 1920 im National Defense Act niedergelegt. Obwohl die Friedenszeiten der 1920er Jahre in den Vereinigten Staaten keine Wehrdienstpflicht kannten, sah das Reformgesetzwerk doch verschiedene Rollen und Aufträge für den Bürgersoldaten vor, etwa im Rahmen des Civilian Military Training Corps – und dies trotz allgemeiner Demobilisierung, Antikriegsstimmung und Weltwirtschaftskrise.

Ihren bedeutendsten Moment erlebte die Wehrpflicht des US-Bürgersoldaten mit dem Zweiten Weltkrieg: Ihre Wiedereinführung im Jahre 1940 erfolgte nur 13 Monate vor dem Angriff auf Pearl Harbor Anfang Dezember 1941. Damals wurden Isolationismus und antimilitärische Einstellung der 1930er Jahre schlagartig durch eine Woge nationalen Bewusstseins ohnegleichen weggespült. Auch wenn die USA nie so viele Soldaten mobilisieren konnten, wie die Planer 1941/42 ursprünglich gehofft hatten, hält die Erinnerung an dieses Ereignis gerade unter dem Aspekt einer auf Wehrpflicht beruhenden Mobilisierung bis in das 21. Jahrhundert hinein an. Diese kollektive Erinnerung ist so mächtig, dass sie die historische Realität des

Zweiten Weltkriegs überlagert; eines Krieges, der weit entfernt in kleinen europäischen Ländern begonnen hatte und der viele der künftigen Soldaten völlig unerwartet und unvorbereitet traf. Die amerikanische Teilhabe am Zweiten Weltkrieg erwies sich schließlich als so komplex und vielgestaltig, dass sie für die heutige Generation schwer verständlich ist. Diese nimmt den Weltkrieg nur in verfälschter Form wahr, wie er in populären Filmen mit ihren computeranimierten Darstellungen von Luftschlachten oder Kommandounternehmen vermittelt wird. Die Erinnerung an die nationale Leistung von damals, die auf der Wehrpflicht und dem Bürger in Uniform beruhte, steht daher im Gegensatz zu den schwächer werdenden nationalen Anstrengungen und der entwerteten Rhetorik von heute.

Das Bild jener Geisteshaltung, mit der die Vereinigten Staaten seinerzeit in den Zweiten Weltkrieg eintraten, mag später verfälscht worden sein. Jedenfalls schienen nach den Atombombenabwürfen auf Japan und der Perfektionierung der Waffentechnologie große stehende Heere überflüssig geworden zu sein. Die zwischen 1940 und 1946 einberufenen Wehrpflichtigen kehrten ins Zivilleben mit der Erwartung zurück, am Nachkriegsaufschwung teilzuhaben. Dennoch führten die Vereinigten Staaten 1948 die Wehrpflicht in Friedenszeiten ein, nachdem die politischen Entscheidungsträger eine umfassend ausgebildete nationale Miliz (Universal Military Training, UMT) abgelehnt hatten, wie sie in den 1920er Jahren erwogen worden war. Ihre strategische Luftmacht erlaubte es den Vereinigten Staaten schließlich, der amerikanischen Gesellschaft weniger militärische Lasten aufzuerlegen. Anders erging es den Völkern in Mittel- und Osteuropa, die im Zeichen von Hammer und Sichel unter der Last von Massenarmeen zu leiden hatten. In den Vereinigten Staaten war damit für den Kalten Krieg eine Art Kompromiss gefunden worden, der für zwei Jahrzehnte das zivil-militärische Verhältnis in Sachen Bürgersoldat und Wehrpflicht bestimmte. Dieser »Kompromiss« fiel in den 1960er Jahren den Belastungen durch die irreguläre Kriegführung und zum anderen dem gestörten Gleichgewicht zwischen den Berufsmilitärs und den Bürgersoldaten zum Opfer.

Vom Bürgersoldaten zur postmodernen Soldatenkaste – Von Vietnam bis zum Ersten Irakkrieg

Die Entwicklung der Wehrpflicht während des Kalten Krieges wurde von zwei Kriegen in Asien bestimmt, ganz zu schweigen von der nuklearen Konfrontation in Mitteleuropa und in der Karibik, wo die ernüchternde Bedrohung durch Atomwaffen den Ausbruch eines »heißen« Krieges verhinderte. Die Kriegführung in Korea (1950–1953) und besonders in Indochina (1959–1975) beruhte ganz wesentlich auf dem Einsatz von Wehrpflichtigen in den Landstreitkräften. Wehrpflichtige bildeten daneben auch das Rückgrat der Luft- und der Seemacht. Der Einsatz von Schiffen und Flugzeugen konnte im Vietnamkrieg bekanntlich keine Wende herbeiführen. Dafür dienten der Nation nun die Wehrpflichtigen als Sündenbock und Ausrede. Sie mussten für das Versagen der führenden Politiker und der militärischen Spitzen herhalten, denen es nicht gelungen war, eine schlüssige Politik und eine wirksame Strategie zu entwickeln.

Hinzu kam, dass sich der Vietnamkrieg über drei Jahrzehnte ausdehnte, in denen gleichzeitig die amerikanische Gesellschaft einen bemerkenswerten Wandel auf Kosten der alten Hierarchien erlebte, der das Ideal des Bürgers in Uniform beschädigte. Den treibenden Kräften in der Heimat war eine Wehrpflicht, die im Atomzeitalter einem zeitlich begrenzten Krieg in Asien dienen sollte, Anlass zur politischen Erhebung. Die pazifistische Grundstimmung, die bereits lange Zeit in der amerikanischen Gesellschaft existiert hatte, konnte sich besonders an Universitäten und in Kirchengemeinden neue Geltung verschaffen. Gleichzeitig kam es zu Rassenunruhen in Zusammenhang mit der Wahlrechtsreform zugunsten der schwarzen Bevölkerung. Gesellschaftliche und politische Gruppen, die in den 1960er Jahren der Gesellschaft und Außenpolitik der Vereinigten Staaten kritisch gegenüber standen, schmähten das System der Wehrerfassung als zentrale Säule des amerikanischen Imperialismus und seiner Kriegspolitik. Widerstand gegen die Registrierung von Wehrpflichtigen, Angriffe auf lokale Einberufungsbehörden sowie Boykotte und Gewalt gegen das Reserve Officer Training Corps waren an vielen Colleges und Universitäten die Regel. Der Konflikt erreichte 1968/69 seinen Höhepunkt, als die Tumulte an den Universitäten, die Zuspitzung des Vietnamkriegs, Rassenunruhen in den Großstädten sowie Attentate auf Politiker und Prominente zusammenkamen. Diese Ereignisse verhalfen Richard Nixon zum Wahlsieg, dessen Politik den Vietnamkrieg zunächst verschärfte, um ihn schließlich zu beenden – und die daneben entschlossen und staatsmännisch um Entspannung mit der Sowjetunion sowie um normale diplomatische Beziehungen zu China bemüht war. In den Jahren 1972/73 versuchte Nixon auch den »Krieg« an den Universitäten einzudämmen; zunächst indem die Zurückstellung vom Wehrdienst für Studenten abgeschafft wurde, später durch die schrittweise Aufhebung der Wehrpflicht in Kriegszeiten. Die Schockwellen der inneren Unruhen wegen Vietnam ließen wenig später Nixons Präsidentschaft in der Watergate-Affäre zusammenbrechen, doch die militärischen Reformen dieser Zeit setzten sich im Laufe des folgenden Jahrzehnts durch.

Diese Reformen sahen eine reine Berufsarmee vor. Sie führten zur Umgestaltung der Reserve und aktiver Teile der Streitkräfte mit dem Ziel, die allgemeine Mobilmachung im Kriegsfall nach dem traditionellen Muster der erweiterbaren Armee (*expansible army*) zu erreichen. In der tendenziösen Rückschau des Berufsmilitärs von 1975 erschien der gescheiterte Versuch einer allgemeinen Mobilmachung im Jahr 1964 als deutliche Warnung für die Zukunft. In späteren Konflikten gab der Grundsatz des »Niemals wieder« zu verstehen, dass man es am besten höheren Offiziere überließe, die politische Zielrichtung auszugestalten sowie den Volkszorn (frei nach Clausewitz) zu lenken. Eine solche Rolle konnte allerdings im Interesse des Schutzes der Gewaltenteilung in der Verfassung sowie mit Blick auf die Lehren der Vergangenheit über die Gefahren des Militarismus nur als unpassend erscheinen.

Die »Lehren aus Vietnam« entstanden im ersten Jahrzehnt nach Ende des Krieges und verfestigten sich während der Präsidentschaft von Ronald Reagan. Erfüllt vom Gedankengut des totalen Krieges und ausgestattet mit der Rhetorik von 1943/44 – diese übertragen auf die strategische Lage der Jahre 1981/82 –, gab Reagan den Soldaten ihr Ehrgefühl zurück. Er erreichte dies durch eine beträchtliche Erhöhung des Verteidigungsetats, ohne dass hierbei die Wehrpflicht noch eine Rolle spielte.

Die »*lessons of Vietnam*« mündeten in dem Glaubenssatz, wonach die Vereinigten Staaten in Vietnam auf operativer und taktischer Ebene nie eine Niederlage erlitten hätten. Diese Theorie trieb Unfug mit der strategischen Realität und kam zu falschen Ergebnissen, was den wahren Charakter des Krieges und seine Auswirkungen auf Staat, Gesellschaft und Militär betrifft. Sie schob die Schuld auf alle, außer auf die Berufssoldaten. Diese eigennützige Interpretation der unmittelbaren Vergangenheit scheute nicht einmal davor zurück, drogenabhängige Wehrdienstleistende und langhaarige Hippie-Pazifisten kurzerhand zu Verbündeten des Vietcong abzustempeln.

Die Zeit nach dem Ende der Wehrpflicht in den USA in den frühen 1970er Jahren erlebte den Aufstieg des Glaubens an die freie Marktwirtschaft und den Rückzug des Staates aus dem öffentlichen Leben, insbesondere aus der Wirtschaft. Dies stand im starken Gegensatz zur ersten Hälfte des 20. Jahrhunderts, als sich in der Ära des totalen Krieges kollektivistische Tendenzen in Regierung, Staat und Gesellschaft verstärkten und dadurch staatliche Institutionen in den USA bis in die 1970er Jahre hinein gediehen. Im ersten Jahrzehnt des jetzigen Jahrhunderts dann, inmitten des Globalisierungsprozesses der postmodernen Märkte, wurde die eigentlich sinnvolle Idee von Steuersenkungen geradewegs zum Dogma erhoben – mit tief greifenden und schädlichen Folgen für das Militär.

Es wäre sicher übertrieben, Milton Friedman als Übervater von Erik Prince, dem Gründer der Blackwater Corporation, zu bezeichnen, auch wenn der Nobelpreisträger bei der Entscheidung der Nixon-Regierung (1969–1974), das System der Wehrerfassung (Selective Service) abzuschaffen, eine Rolle spielte. (Prince und andere private militärische Sicherheitsfirmen haben im letzten Jahrzehnt fragwürdige Berühmtheit erlangt: als Inbegriff für einen außer Kontrolle geratenen militärisch-industriellen Komplex und für eine Art Schattenstaat im Staat, inmitten des Gobal War on Terror.) Auffällig ist die Dominanz privater militärischer Sicherheitsfirmen in den höchsten Ebenen der Regierung Bush und bei den jüngsten Kampfeinsätzen und Operationen zur Schaffung eines sicheren Umfeldes. Gleiches gilt für Personen, die ihre Uniform ausgezogen haben und in die Rüstungsindustrie oder deren zahlreiche Ableger gewechselt sind. Weniger kluge als vielmehr habgierige Persönlichkeiten haben auf diese Weise in jüngster Zeit aus der Schieflage des zivil-militärischen Systems in den Vereinigten Staaten Profit geschlagen.

Die Abwesenheit der Wehrpflicht im Krieg und die wachsende Bedeutung des Marktdogmas für die Kriegführung ergeben ein Gesamtbild, das vor allem bei Europäern die Erinnerung an besorgniserregende historische Ereignisse heraufbeschwört. Das bedeutet nichts anderes als das Versagen der westlichen Demokratien, die soldatischen Tugenden des Bürgers in Uniform in Anspruch zu nehmen. Bereits Clausewitz war sich dieser Problematik bewusst, als er seinerzeit zur Formel von der »wunderliche[n] Dreifaltigkeit«[4] des Krieges fand. Clausewitz missachtend und auch missverstehend, fiel das amerikanische Militär seit den 1970er Jahren in eine vormoderne Verfassung zurück. Im frühneuzeitlichen Europa hatten militärische Freibeuter

[4] Carl von Clausewitz, Vom Kriege. Erster Theil, 3. Aufl., Berlin 1867 (= Hinterlassene Werke über Krieg und Kriegführung des Generals Carl von Clausewitz, Bd 1), hier: Erstes Buch: Ueber die Natur des Krieges. Erstes Kapitel: Was ist der Krieg? 28. [Abschnitt] Resultat für die Theorie, S. 24.

und Glücksritter gegen Bezahlung das maßgebliche Personalreservoir für Kämpfer gebildet. Diese Welt des Dreißigjährigen Krieges erhielt im letzten Jahrzehnt eine Aktualität, die sie 25 Jahre zuvor, im Zeitalter der ständigen atomaren Bedrohung, noch nicht besessen hatte.

Die jüngste Geschichte hat auch militärische Desperados hervorgebracht. An der Spitze paramilitärischer Organisationen, die sich von den Zwängen der Rechtsstaatlichkeit und Staatlichkeit nach Art des Westens lösten, entwickelten sie sich zu unabhängigen politischen Kräften. Die Desperados und ihre Unternehmungen betrachteten organisierte politische Gewalt als geschäftlichen Vorgang im Rahmen der Kriegführung. Im Extremfall erinnert das an einen historischen Prozess, für den in gewisser Weise Ernst Röhm und Heinrich Himmler stehen: Die Zigarettenfabriken, die vor 1933 die SA mitfinanzierten, hatten sich nur zehn Jahre später in ein umfangreiches Wirtschaftsunternehmen verwandelt, das Wirtschafts- und Verwaltungshauptamt der SS (WVHA). Diesem unterstanden das nationalsozialistische System der Konzentrationslager und einige der Vernichtungslager. Das »Geschäftsmodell« der WVHA beruhte auf der Beute, die ethnische Säuberungen unter den Völkern Europas einbrachten, sowie auf der Produktivität einer riesigen Anzahl von Zwangsarbeitern.

In den 1990er Jahren festigten sich Entwicklungen, die an solche historische Vorbilder erinnern, aufgrund einer gravierenden Fehlinterpretation der »Lehren aus dem Irak« von 1990/91 – mit Auswirkungen vor allem auf die operative und taktische Führungsebene im Rahmen der *revolution in military affairs*. Unter dieser Markenbezeichnung für die ewige technische Überlegenheit der US-Streitkräfte wurde auch die Bedeutung von Landstreitkräften, die auf der Wehrpflicht beruhen, schlecht gemacht. Gleichzeitig steht die Bezeichnung für den in Kriegsakademien und Vorstandsbüros der Rüstungsfirmen herrschenden Kult des strategischen Dogmas, das sich bald auch in den Hallen der Legislative und in der Zivilgesellschaft verbreitete. Die hierauf aufbauende Doktrin entfernte das Militär noch weiter von der amerikanischen Gesellschaft und weckte in ihr wiederum romantische Vorstellungen vom Krieg, die sich in der Realität selten erfüllen.

Solche romantischen Vorstellungen sollten sich spätestens mit der Operation in Somalia 1992/93 zerschlagen haben, in der bewaffnete Kriminelle die waffen- und ausrüstungstechnische Überlegenheit der Vereinigten Staaten zunichte machten. Dessen ungeachtet setzte sich aufseiten der USA eine Art strategischer Autismus durch. Schrecken und Furcht vor Schlägen mit Präzisionswaffen waren offenkundig etwas, das Wehrpflichtige, ja sogar demokratische zivil-militärische Beziehungen generell überflüssig machte. Das Dogma konnte sich ungehindert in einen Selbstzweck verwandeln, wie es schon bei den Generalen Guilio Douhet und Billy Mitchell in den 1920er Jahren der Fall gewesen war. In einer späteren Version vermischte sich das strategische Ideal nach amerikanischem Selbstverständnis der 1990er Jahre im Rahmen der *revolution in military affairs* mit dem kulturellen Pessimismus der amerikanischen Rechten. Er fand sich in ihren »Kulturkriegen« (*culture wars*) wieder, mit denen die 1960er Jahre aus der Gegenwart verbannt werden sollten. Darüber hinaus vertiefte dieses Phänomen des Kulturpessimismus die Kluft zwischen Zivil und Militär, die auch als langfristige Folge der Abwesenheit von Wehrpflicht entstanden war. Politische Homogenität und Kastenmentalität des Offizierkorps, das sich damit gegenüber der Gesellschaft abgrenzte, nahmen zu. Unter der Präsidentschaft von Bill Clinton trat dieses Phänomen in den 1990er Jahren verstärkt in Erscheinung, als es um das Thema der Homosexuellen in den Streitkräften ging. Für seine Kritiker besaß Clinton als Intellektueller und Kriegsdienstverweigerer (*draft-dodger*) abstoßende Charakterzüge. Entsprechend getrübt war sein Verhältnis zum Offizierkorps.

Bei den Generalen herrschte nach den Siegen im Kalten Krieg und im Irak 1990/91 eine triumphale, wenn auch nervöse Stimmung, was einer prätorianischen Gesinnung zu noch mehr Auftrieb verhalf. Die Gründe hierfür waren:

a) die Weinberger-Powell-Doktrin, wonach man entweder einen Krieg kompromisslos führen oder aber sich militärisch erst gar nicht engagieren soll, ganz im Sinne der »never again«-Denkrichtung;
b) der Technologiekult im Rahmen der *revolution in military affairs*;
c) der Sirenengesang vom leichten, schnellen Sieg von 1991; und
d) die Legenden über das Kriegsende 1991 und einen vereitelten entscheidenden Sieg, gestrickt von Beobachtern, welche die begrenzten Ziele des Ersten Golfkrieges missverstanden hatten.

Dieses Durcheinander aus Doktrinen, Dogmen und Kredos erinnert an das 20. Jahrhundert – und nicht immer an dessen beste Momente. Die geistigen Väter dieses Durcheinanders ignorierten die sich verändernde Realität der politischen Gewalt (etwa im Fall der Expedition nach Somalia). Sie machten die Vereinigten Staaten dadurch anfälliger für eine Art Konflikt, wie er in denjenigen Teilen der Welt vorherrscht, die am meisten unter Kriegen zu leiden haben.

Diese nationale Anfälligkeit zeigte sich besonders Ende 2001/Anfang 2002 in Gestalt der mangelnden Bereitschaft der Bush-Regierung, mittels der Wehrpflicht zur allgemeinen Mobilmachung im Global War on Terror zu schreiten. Diese Politik beruhte zu keinem geringen Teil auf falschen historischen Erkenntnissen über die Wehrpflicht. Sie erklärt sich aber auch mit der latenten anti-demokratischen Haltung führender Politiker, die sich aus strategischem Idealismus und kulturellem Pessimismus in Kriegszeiten von einem Misstrauen gegenüber dem Willen der Bevölkerung anstecken ließen, das in der Vergangenheit bereits verdientere Personen zugrunde gerichtet hatte. Dem häufigen Missbrauch der Rhetorik des totalen Krieges durch die Bush-Regierung folgten allerdings keine Taten. Die Einsätze in Afghanistan und im Irak zeigten viel schneller ihren langwierigen und zermürbenden Charakter, als die rechtsgerichteten Denkfabriken, die Fachleute in den Generalsstäben oder die Forschungsabteilungen der Luftfahrtfirmen im Jahr 2002 voraussagen konnten. Der Traum von der Entscheidungsschlacht und von der totalen Überlegenheit durch einen einzigen Sensenstreich mit Hilfe überlegener Informationstechnologie erwies sich spätestens im Sommer 2003 als Illusion, als der Irak im Chaos versank und der taktische und operative Vorteil in Afghanistan zu schwinden begann. Die kurzsichtige Entscheidung von Rumsfeld, sich auf die Truppen zu verlassen, die zur Verfügung standen (*the »army you have«*) – also die Scheu vor einer umfangreichen Mobilisierung zur Bereitstellung von genügend Truppen für einen längeren Einsatz – hatte zur Folge, dass überlastete Reservekräfte in Rollen stolperten, für die sie nicht geeignet waren. Der Kardinalfehler vom 12. September 2001 war, dass zu wenige reguläre Streitkräfte zur Bekämpfung der Terroristen eingesetzt wurden. Die zu wenigen regulären Heereseinheiten gingen folglich wiederholt unter den außerordentlich schwierigen Bedingungen der Aufstandsbekämpfung und der Besetzung feindlichen Territoriums in den Einsatz. Ihr Opfer-Marathon entrückte die Soldaten noch weiter der amerikanischen Gesellschaft, die inzwischen damit beschäftigt war, ihre Besitzungen in Kalifornien und Florida zu verspielen.

Schlussfolgerung

Das Versagen der Regierung im ersten Jahrzehnt dieses Jahrhunderts, eine Art nationale Mobilmachung unter dem Vorzeichen des Bürgers in Uniform zu erreichen, hat dem Soldatenberuf geschadet und die demokratischen zivil-militärischen Beziehungen in den Vereinigten Staaten untergraben. Dieses Versagen hat wesentlich dazu beigetragen, das internationale Staatensystem zu destabilisieren. Als Vermächtnis von Bush, Cheney und Rumsfeld sind die Verhältnisse in der amerikanischen Politik und Gesellschaft heute deutlich polarisierter und die Parteinahme erfolgt sehr viel erbitterter. Gleichzeitig wurde die Entstehung neuer militärischer Einrichtungen und Doktrinen begünstigt, die den Bestand demokratischer Gebräuche und Traditionen in den Vereinigten Staaten gefährden.

Die strategischen und operativen Misserfolge der Ära von 2001 bis 2006 führten zum Wiederaufleben einer Counterinsurgency-Doktrin in den US-Streitkräften. In Frankreich, Großbritannien und Israel hat diese Strategie und dieses operative Konzept zu einer Verwischung der Grenzen von Zivilem und Militärischem geführt. Dies bedeutet, dass politische Entscheidungen, die auf demokratischen Prinzipien beruhen, taktisch-operativen Grundsätzen untergeordnet werden. Solches Handeln aber fügt der Demokratie immer Schaden zu. Schlimmer noch: Die Verwischung der Grenzen von Zivilem und Militärischem hat sich, gekleidet in die Ideale und den Korpsgeist elitärer Spezialeinsatzkräfte (*elite special-operations units*), im Zeitalter von Heimatschutz und irregulärer Bedrohung der nationalen Sicherheit auch jenseits der Streitkräfte ausgebreitet. Als Folge hiervon lässt der amerikanische Alltag eine größere Politisierung der Soldaten erkennen als jemals zuvor in der Moderne.

Dieses besorgniserregende Phänomen ließ sich fassen, schon bald nachdem sich die militärischen Operationen der Vereinigten Staaten im Irak in den Jahren 2003/04 festgefahren hatten. Der Geist der Wehrpflicht erschien zuletzt während des Wahlkampfes von 2004 im Zuge der politischen »Ermordung« von John Kerry durch die sogenannten Swift Boat Veterans. Diese Bewegung rechtskonservativer Medienrowdys diffamierte den Präsidentschaftskandidaten durch versteckte Anspielungen auf angeblich zu Unrecht erworbene Tapferkeitsauszeichnungen in Zusammenhang mit dessen Marinedienst in Indochina. Parteipolitische Polemik sorgte dafür, dass Kerrys kleinere Kampfeinsätze am Ende des Vietnamkriegs mittels einer verheerenden Dolchstoß-Rhetorik zu innenpolitischen Zwecken ausgeschlachtet wurden. Mit anderen Worten: Das Ideal der soldatischen Tapferkeit von damals wie heute, aus Zeiten der Wehrpflicht wie der Berufsarmee, wurde von einer kleinen Gruppe für ihre eigenen innenpolitischen Zwecke missbraucht – und einer

Gesellschaft übergestülpt, die schon seit einer Generation keine Waffe mehr getragen und insofern keine Vorstellung von der Realität des Krieges hatte.

Der Popularität der Doktrin der Aufstandsbekämpfung in den Jahren 2005/06 erwies sich als glücklich für die Karriere von General David Petraeus, eines politisch gerissenen Offiziers mit Doktorhut, dessen Schulterstücke im Glanz des Prätorianertums strahlten. Zur Auflösung der Grenzen von Zivilem und Militärischem in der neuen Counterinsurgency-Doktrin (COIN) konnte es kommen, weil die uniformierten Prediger des Konzepts der Aufstandsbekämpfung, die nach dem Vietnamkrieg lange Zeit im »Exil« verbracht hatten, jetzt aus ihren Refugien in West Point und Fort Leavenworth hervorkamen, ihren Weg in die Denkfabriken fanden und die politischen Talk-Shows am Sonntagmorgen besetzten. Erneut wurde im Wahlkampf 2008 der Versuch unternommen, militärische Tapferkeit in Indochina zum entscheidenden Kriterium für die Empfehlung als Präsident ein halbes Jahrhundert später zu machen. Barack Obama verkörperte dabei eine besonders unmilitärische Persönlichkeit, nicht zuletzt weil er in Zeiten einer Berufsarmee (*consolidated all-volunteer force*) aufgewachsen war und deshalb nie der Wehrpflicht unterlegen hatte. (Dies war im Übrigen ein Umstand, der in früheren Zeiten viele Amerikaner dazu veranlasst hatte, sich als Reservisten zu bewerben). Obamas Wahlkampfversprechen, den Einsatz im Irak zu beenden und den Afghanistan-Einsatz mittels der ab 2006 im Irak angewendeten Strategie der Aufstandsbekämpfung zu verschärfen, machte die militärische Aufgabe, die sich ihm 2009 stellte, zu einer besonderen Herausforderung. Gewiss wurde mit dieser Gesamtstrategie (*grand strategy*) in einer extrem schwierigen Situation ein außerordentlich konservativer Ansatz verfolgt, der von der Wehrpflicht nicht Gebrauch machte, obwohl die Wiedereinführung der Wehrpflicht für den konkreten Anlass gut vorstellbar gewesen wäre. Dennoch steht Obama sehr viel mehr für die Tradition des bürgerlichen Militärdienstes (*tradition of citizen and service*), als dies für all seine notorisch »unzivilen« Vorgänger gilt.

Anfang 2010 wurde sogar für den Einsatz in Afghanistan eine Exit-Strategie angekündigt, was die Frage aufwirft: Welche langfristigen Auswirkungen hat dies hinsichtlich unserer Thematik für junge Amerikaner in Uniform und in Zivil? Mit anderen Worten: Wie kann man denjenigen, die von der Wehrpflicht am ehesten betroffen sein werden, die Entwicklung und das Wesen der amerikanischen strategischen Kultur erklären, auch angesichts der ungleich verteilten Lasten des Krieges und der Bürgerpflichten? Das Ende der Wehrpflicht in den 1970er Jahren hat eine Art militärischer Romantik in der politischen Kultur begünstigt. Diese steht, wie als Hauptthese des Beitrages schon öfters sichtbar wurde, in enger Wechselbeziehung zum kulturellen Pessimismus in der Innenpolitik und zu unhaltbaren strategischen Zielen in der Sicherheitspolitik. Das Fehlen der Wehrpflicht beeinträchtigt eine lebenswichtige Verbindung zwischen den bürgerlich-demokratischen Tugenden und den Erfordernissen der Landesverteidigung, die niemals einer Kriegerkaste oder Glücksrittern anvertraut werden darf. Der politische Missbrauch des Vermächtnisses des Bürgersoldaten für innenpolitische Zwecke – als eine Art emotionale Katharsis für jene, die nichts weiter für Soldaten tun, als in den Unterhaltungsmedien Phrasen und Pathos zu verbreiten – hat den Soldatenberuf und die Wirksamkeit amerikanischer Waffen auf lange Sicht beschädigt.

Bereits jetzt fordern Soldaten, die über mehrere Jahre hinweg immer wieder an der Front im Irak und in Afghanistan im Einsatz waren, die Wiedereinführung der Wehrpflicht. Hinter solchen Äußerungen stehen viel mehr als nur ein paar launische Reservisten, die gerne zu ihrem geregelten Tagesablauf zurückkehren würden. Mit dem Vorschlag verbindet sich ein wahrhaft strategischer Aspekt. Demnach würde der Ausbruch eines ernsten und unerwarteten bewaffneten Konflikts, bei dem Interessen der Vereinigten Staaten auf dem Spiel stehen, die Überforderung der US-Streitkräfte auf erschreckende Weise enthüllen. Doch scheint das eigentliche Problem in der Aufteilung der Verteidigungslasten zu liegen, beziehungsweise in dem Schaden, den ihre unausgewogene Verteilung den demokratischen Institutionen der Vereinigten Staaten zufügt. Selbst die rhetorische Unterscheidung zwischen »denen« und »uns«, Zivil und Militär, konserviert jene fundamentale Ungleichheit, die, wie gezeigt, eine unrühmliche Vergangenheit besitzt – von ihrer trüben Zukunft ganz zu schweigen. So lange das Phantom der Wehrpflicht nicht reflektiert wird und aufgearbeitet ist, wird es weiterhin eine Kraft im politischen Leben der Vereinigten Staaten darstellen. Das gilt besonders für jene Personen, die es für eigensüchtige oder parteipolitische Zwecke beschworen haben. Auf diese Weise beschädigen sie die Eckpfeiler der demokratischen zivil-militärischen Institutionen in den USA, die letztlich die Gesellschaft und ihre hoch geschätzten Regeln widerspiegeln. Denn für diese Ideale kämpft schließlich das Militär in erster Linie.

Donald Abenheim und Carolyn C. Halladay

Berufssoldaten und Staatsbürger in Uniform. Die Innere Führung aus transatlantischer Perspektive

Innere Führung ist nicht veraltet

Insbesondere in einer Zeit des Umbruchs in Deutschland, Europa und in anderen Teilen der Welt muss das Konzept der Inneren Führung im Berufsethos deutscher Soldaten verankert bleiben.* Die Praxis von Führungsverantwortung, Befehl, Moral, Ethik und Gehorsam bei den Streitkräften des westlichen Bündnisses hat seit dem 11. September 2001 zu zahlreichen unterschiedlichen zivil-militärischen Fragestellungen zum Umgang mit irregulärer Kriegführung und Einsätzen zur Aufstandsbekämpfung geführt. In dieser Debatte werden zunehmend die wohlmeinenden, wenn auch häufig oberflächlichen Argumente derer laut, die das Konzept der Inneren Führung angesichts dschihadistischer Gewalt und »hybrider Konflikte« als nostalgische Absurdität abtun wollen. Die heutigen Zeiten verlangen jedoch nicht nach weniger, sondern nach *mehr* Innerer Führung: Durch sie kann das deutsche Erbe des mündigen Soldaten in angepasster und modernisierter Form unter den jungen Heimkehrern der Auslandseinsätze weiterleben, die nach ihren Erfahrungen mit der irregulären Kriegführung in Afghanistan oder andernorts hinsichtlich ihrer Stellung in Staat und Gesellschaft verunsichert sind.

Für jeden, der mit der Geschichte der Bundeswehr und deren heute fast schon in Vergessenheit geratenen Anfängen vertraut ist, beinhaltet die Geschichte der Inneren Führung auch die Positionen ihrer Kritiker sowie die Missverständnisse, die dieses Leitbild bewusst oder unbewusst umgeben. Die darin enthaltenen Grundprinzipien von Befehl, Gehorsam und Ethik betonen zu Recht die »Dreifaltigkeit« (Clausewitz) aus politischen Zielen, Verfassungsgrundsätzen und militärischer Führung bzw. Disziplin inmitten von Kampf, Wut und Hass, die dem Krieg und der politischen Gewalt in allen Facetten innewohnen.

---

* Leicht überarbeitete Fassung eines Beitrages in »Ethik und Militär. Kontroversen der Militärethik & Sicherheitskultur«, E-Journal für aktuelle Themen der Militärethik und Sicherheitskultur, Ausgabe 2016/1, <http://www.ethikundmilitaer.de/de/themenueberblick/20161-innere-fuehrung/abenheim-halladay-berufssoldaten-und-staatsbuerger-in-uniform-die-innere-fuehrung-aus-transatlantischer-perspektive/>, letzter Aufruf am 18.7.2017.

Staatsbürger in Uniform und Berufssoldat – warum sich ein deutsch-amerikanischer Vergleich lohnt

Das professionelle Leitbild der deutschen Streitkräfte ist sowohl unter zivil-militärischen Aspekten als auch in seiner ethischen Ausprägung einzigartig. Dieser Umstand wird im Vergleich mit anderen Staaten sowie beim Blick auf die Geschichte der Bundeswehr besonders deutlich. Die militärischen Institutionen, denen in Deutschland Führung, Gehorsam und Moral obliegen, haben sich aus der Dreiheit von Volk, Staat und Militär entwickelt. Durch tendenziöse Polemik, Militärromantik oder Kulturpessimismus wird diese Tatsache oft verkannt.

Obwohl deutsche und amerikanische Soldaten nicht mehr gemeinsam dienen wie zu Zeiten des Kalten Krieges, besteht das Band der Zusammenarbeit weiter, wenn auch in veränderter Form und trotz der Welle des Antiamerikanismus, der in deutschen Talkshows vorherrscht und in Kampagnen der Alternative für Deutschland zutage tritt. Die Zusammenarbeit bestand bei den Einsätzen der Stabilisation Force (SFOR) in Bosnien-Herzegowina und der International Security Assistance Force (ISAF) in Afghanistan und erfährt mit der Antwort auf Artikel 5 des NATO-Vertrags und der Very High Readiness Joint Task Force (VJTF) aktuell eine Neubelebung an der östlichen Grenze des Bündnisses. Heute ist der Stabschef der europäischen US-Streitkräfte in Wiesbaden ein ranghoher deutscher Offizier, während führende deutsche Offiziere weiterhin an Trainings und Schulungen in der militärischen Ausbildung der US-Streitkräfte teilnehmen.

Verfassung, Milizionäre und reguläre Soldaten

Die Geschichte des amerikanischen Soldaten und seines Führungsideals bewegte sich lange Zeit zwischen dem verfassungsrechtlichen Pol des bewaffneten Milizsoldaten einerseits und dem regulären Soldaten als Erben der europäischen dynastischen Waffentradition andererseits. Seit Einführung der reinen Berufsarmee zu Beginn der 1970er Jahre dominiert im Selbstbild des amerikanischen Soldaten und in der Führungspraxis das Ideal des Berufssoldaten. Diese Doktrin wurde auch von der amerikanischen Gesellschaft verinnerlicht, während gleichzeitig die Tradition des Bürgers in Uniform, der der allgemeinen Wehrpflicht unterliegt, mit dem Verlust der ehemals weithin geteilten Werte von Bürgerrecht, Dienst und Gehorsam zunehmend an Attraktivität verlor.

Das amerikanische Geburtsrecht des bewaffneten Bürgers *(citizen-at-arms)* geht hauptsächlich auf das englische Mittelalter zurück. Infolge der Religionskriege und der Aufklärung wurde aus dieser Institution eine nationale Armee. Auch die Väter der US-amerikanischen Verfassung sahen sich veranlasst, dieses Modell zu übernehmen. So betrachtet, bildet die Miliz, die heutige Nationalgarde, seit langer Zeit den Kern der US-amerikanischen Streitkräfte. Seit dem Amerikanischen Bürgerkrieg unterliegt sie allerdings in weit größerem Maß der bundesstaatlichen Kontrolle als zuvor. Die Tradition des bewaffneten Bürgers sowie die amerikanische Version des

Staatsbürgers in Uniform stellen insofern das ursprüngliche amerikanische Ideal des Soldaten dar.

Das konkurrierende Modell – eine Elitetruppe aus Berufssoldaten – entstand im 19. Jahrhundert an der US-Militärakademie und wurde im 20. Jahrhundert in der Ära des totalen Krieges mit dem Anwachsen der Streitkräfte weiterentwickelt. Der heute legendäre Standort der Akademie war ursprünglich nach dem Muster einer französischen Militärschule für Festungswesen aus dem 19. Jahrhundert entstanden. Die Ausbildung wurde im 20. Jahrhundert durch ein umfangreiches Unterrichtsangebot zu wissenschaftlichen Führungsthemen erweitert. Hier begann die Professionalisierung, Spezialisierung und Selbstdifferenzierung des US-Militärs; hier entstand das Spannungsfeld zwischen dem Berufssoldaten und dem Staatsbürger in Uniform, das diese unterschiedlichen Entwicklungen begleitet.

»Pflicht, Ehre, Vaterland«

Nirgends ist dieses Berufsethos von »Pflicht, Ehre, Vaterland« *(Duty, Honor, Country)* besser beschrieben als in Samuel Huntingtons immer noch häufig zitiertem Buch »The Soldier and the State« aus der Mitte des 20. Jahrhunderts. Ausgehend von dem Selbstbild der Militärakademie in West Point als der Trennlinie zwischen Anarchie und Ordnung formuliert das Buch das Ethos des in einer Demokratie dienenden Berufssoldaten preußischen Einschlags. Von besonderer Bedeutung ist hierbei, dass das Berufssoldatentum in den USA im Grunde das konservativ soziale und politische Wertebild verkörpert. Der reguläre amerikanische Soldat soll gegenüber der Parteipolitik eine strikt neutrale Haltung einnehmen und sich gegen die schwächenden Einflüsse einer pluralistischen Gesellschaft wappnen. Im Gegenzug verlangt er von der zivilen Staatsmacht, dass Regierung und Legislative den spezialisierten Streitkräften eine Art entpolitisierten Raum der Berufsausübung zugestehen. Der Handlungsraum des Berufssoldaten soll von zu vielen Zivilisten und deren »struktureller Unordnung« unberührt bleiben. Eine Politisierung des Soldaten soll damit vermieden und die durch Hedonismus, Materialismus und Pazifismus drohende Kontamination seines Wirkungskreises verhindert werden. Obwohl diese Formel 60 Jahre alt ist, ist durchaus die eine oder andere Parallele zur gegenwärtigen Debatte in Deutschland zu erkennen, wo die Innere Führung nach Ansicht mancher Kritiker hinfällig geworden ist, seit deutsche Soldaten das Land auch am Hindukusch verteidigen.

Die aktuelle Debatte und die Dolchstoßlegende

Irreguläre Kriege, wie sie von westlichen Demokratien in fernen Ländern geführt werden, bergen eine Gefahr, gegen die die Innere Führung, als Leitbild für das Berufsethos des Soldaten, einen hervorragenden Schutz bietet: die Gefahr des sogenannten *Blowback,* womit gemeint ist, dass das zunächst so entfernt geglaubte Kriegsgebiet sich plötzlich vor der eigenen Haustür befindet und Gesellschaft und Verfassung schädigt. Das geschieht etwa durch innenpolitische Auseinandersetzungen und das Aufkommen politischer Randbewegungen, die den Grundprinzipien der deutschen Politik und Gesellschaft, welche jahrzehntelang in Frieden und Sicherheit gelebt hat, feindlich gegenüberstehen.

Besonders verbreitet, insbesondere unter verärgerten ehemaligen Soldaten und nervösen Zivilisten, ist das »zivil-militärische Syndrom«, wobei interne Auseinandersetzungen, radikale Ideologien und das Fehlen einer klaren Frontlinie militärisches Handeln zuweilen schwer belasten, selbst wenn dieses Handeln sicherheitsbildende Maßnahmen gegenüber unterschiedlichen feindlichen lokalen Bevölkerungsgruppen betrifft. In Demokratien wie Frankreich, Großbritannien und den Vereinigten Staaten waren »Dolchstoßlegenden« die Antwort auf dieses Phänomen. Eine besonders unglückliche Rolle spielte dieser Mythos in der konfliktbeladenen deutschen Politik im Zeitalter des totalen Krieges. In der heutigen deutschen Bundeswehr haben »Dolchstoßlegenden« keinen Platz. Die Innere Führung, die den Primat der grundgesetzkonformen Regierungsführung und des verfassungsmäßigen Kodex von Befehl und Gehorsam betont, zeigt ihre ungebrochene Stärke in genau diesem Punkt.

Gleichzeitig muss die auf Frieden ausgerichtete Gesellschaft mit einem angemessenen Maß an Verständnis und Unterstützung auf das Anliegen der Soldaten reagieren, die ihren Dienst weder zum Zwecke der innenpolitischen Vorteilsnahme verteufelt noch angesichts von Gewinn- oder Vergnügungsstreben ignoriert sehen wollen. Die Zivilgesellschaft und die moralisch überlegene deutsche Politiktradition werden als Schlagworte oft und gerne angeführt, doch dürfen sie die politische Diskussion nicht undifferenziert beherrschen oder auf andere Weise bei den Soldaten den Eindruck verstärken, nicht wahrgenommen zu werden und zugunsten eines angenehmen Lebensstils und ökologischen Bewusstseins einfach beiseitegeschoben zu werden.

Drohnen, Computer, Wut und Hass in der Kriegführung

Hat das Bedürfnis der westlichen Staaten, ihre Demokratien mit Soldaten zu verteidigen, die ihre Rechte und Pflichten kennen, angesichts der irregulären Kämpfer und inmitten der Flut digitaler Daten und spezieller psychologischer Operationen heute an Dringlichkeit verloren? Haben die blutrünstigen Kämpfer mit ihren schwarzen Todesflaggen, die nur darauf zielen, den Rechtsstaat zu zerstören und ihn durch eine Orgie pseudoreligiöser Gewalt zu ersetzen, die Grundprinzipien der Streitkräfte demokratischer Staaten ausgelöscht? Kann der Fortschritt in der Waffentechnologie, von der Armbrust über die Wasserstoffbombe bis hin zu den heutigen *unmanned aerial vehicles* (UAV)/Drohnen und zum digitalen Grand Slam von Stuxnet, das menschliche Element im Krieg am Ende vollständig verdrängen? Wie wird dieser Prozess das menschliche Wesen, den Charakter und Intellekt sowie die Disziplin des Soldaten verdrängen oder auslöschen? Mit diesen Fragen der technologischen und gesellschaftlichen Entwicklung sind deutsche und amerikanische Soldaten gleichermaßen konfrontiert. Hierbei spielt die gemeinsame Erfahrungsgrundlage in Bezug auf Vorstellungen, staatliche Organisation, militärische Institutionen, Waffen und Gefechtsführung eine wichtige Rolle.

Alle Arten von Waffen sind Werkzeuge und Systeme, die von Menschen bedient werden. Das menschliche Element bleibt daher konstant und vorherrschend. Bewaffnete Männer und Frauen werden immer mit den von Clausewitz beschriebenen Elementen der realen Kriegführung zu kämpfen haben: nämlich mit Glück, politischen Zielen und der Kombination aus Wut und Hass in der begrenzten oder unbegrenzten Anwendung von Gewalt für ein kohärentes Ziel. Durch die Kräfte der Beschleunigung und Verdichtung hat das digitale Zeitalter die Dynamik von Wut und Hass im menschlichen Miteinander in einer Weise verstärkt, die jeden, der sich für die soldatischen Ideale interessiert, veranlassen müssen, innezuhalten und sorgfältig nachzudenken. Wie bereits Carl Schmitt mit erschreckendem Scharfsinn bemerkte, können Konflikte in Gesellschaft und Politik nicht durch Technik gelöst oder neutralisiert werden. Diese Erkenntnis sollte auch uns Warnung sein. Die Realität des Kampfeinsatzes von Maschinen mit künstlicher Intelligenz macht den Krieg nicht zu einem politischen Prozess. Die Unterschiede zwischen Menschen und die daraus resultierende Spannung unterschiedlicher Interessen bleiben Merkmale der Auseinandersetzung, die einem kohärenten, begrenzten politischen Ziel folgen müssen.

Der Science-Fiction-Krieg, in dem nur Computer kämpfen, ohne dass konventionelle Streitkräfte benötigt werden, ist eine Illusion. Diese darf uns nicht den Blick dafür verstellen, dass sich die organisierte Gewalt durch den gegenwärtigen Wandel in der Kriegführung der Aufständischen und Revanchisten sowie durch das Wiederaufleben paramilitärischer Einheiten auch in Europa in einem dramatischen Ausmaß verändert – ein Ausmaß, das von den Technologieverfechtern im Bild des Soldaten kaum wahrgenommen wird. Eine mögliche Antwort, sichtbar auch im Wiederaufleben der Doktrinen totaler Verteidigung, ist die Entstehung einer bewaffneten Bürgerschaft in Nordeuropa. Hinzu kommt die Erkenntnis, dass das Fehlen einer Mobilisierungsbasis nach traditionellem Muster der westlichen Streitkräfte, einschließlich der US-Armee, die Gefahr der Eskalation im Falle eines Großmächtekonflikts signifikant erhöht. Was bedeutet diese alarmierende und unvorhergesehene Entwicklung für das Leitbild vom Staatsbürger in Uniform und die Rolle der Soldaten und Soldatinnen in den Konflikten der Gegenwart?

Alle diese Aspekte sprechen in ihrer unübersichtlichen Vielfalt für die Neubelebung der Inneren Führung als Leitbild sowie dafür, Soldaten wieder fest in die Demokratie im eigenen Land sowie in die euro-atlantischen Beziehungen einzubinden. Diese Anforderung ist deshalb so besonders dringlich, weil diese Ordnung viele neue Feinde hat. Diese Feinde rufen zu einer Kampagne der Gewalt auf, mit dem Ziel, das nach 1945 in Europa und in anderen Teilen der Welt entstandene System über Bord zu werfen – mit verheerenden Konsequenzen. Wir in den Vereinigten Staaten täten gut daran, zahlreiche Grundsätze der Inneren Führung für die tägliche Routine der US-Soldaten zu übernehmen. Als Teil der Inneren Führung bleibt die Ausbildung von Offizieren und Soldaten sowie von Zivilisten zur Verteidigung ein absolutes Muss, nicht nur im Hinblick auf die Anforderungen der beruflichen Qualifikation, sondern auch für wirksame demokratische zivil-militärische Beziehungen in den Konflikt- und Verteidigungsinstitutionen. Unwissen kann keine Grundlage für eine gründliche vergleichende Betrachtung der Rollen von Militär, Führung und Gesellschaft in verbündeten Staaten darstellen, wie der vorliegende Aufsatz sie versucht.

Die Kritiker der Inneren Führung in den Vereinigten Staaten sowie bei den Bündnispartnern in NATO und EU, die diese Konzeption von Eingliederung, Führung, Gehorsam und Moral als irrelevant oder veraltet betrachten, begehen einen alten Fehler aus den 1950er und 1960er Jahren, der bis heute nichts von seiner schädlichen Natur verloren hat. Diejenigen, die für Sicherheit und Verteidigung an oberster Stelle verantwortlich zeichnen, müssen auf diesen alten Irrtum entschieden reagieren – und ihn widerlegen, nicht zuletzt weil die Rolle Deutschlands im 21. Jahrhundert der Frage der Macht in allen ihren Facetten eine besondere Bedeutung verleiht – selbst in einem Land, das den Primat der zivilen Macht hochhält. Die Gesellschaft darf diese Notwendigkeit nicht ignorieren und dennoch hoffen, weiterhin in den Genuss gesunder und friedlicher zivil-militärischer Beziehungen zu kommen. Diese Gesellschaft hat durch die »Wiederentdeckung« der Inneren Führung am meisten zu gewinnen – und auch am meisten zu verlieren, wenn sie deren fortdauernde Relevanz für Deutschland, heute und in der Zukunft, nicht versteht.

Donald Abenheim

Tradition für den Einsatz? Gedanken eines amerikanischen Militärhistorikers zu Bildung, Ausbildung und Erziehung in den Streitkräften

Die vergangene sowie die gegenwärtige Traditionsdebatte in der Bundeswehr und in der Bundesrepublik Deutschland verkörpert viel mehr als eine bloße Auseinandersetzung über das Erbe deutscher Kampfflieger aus vergangenen Zeiten in der Gegenwart oder über den geeigneten Platz für militärisches Zeremoniell im 21. Jahrhundert.* Dieses »viel mehr« zielt auf die Bedeutung des (Staats-)Bürgers in Uniform und dessen Erbe im 21. Jahrhundert. Ein Jahrhundert, das – soviel kann schon jetzt prognostiziert werden – durch eine Vielzahl von Krisen charakterisiert werden wird.

Ich möchte den »Traditionskomplex« in seiner Gesamtheit erörtern und beginnen mit Überlegungen zur Begrifflichkeit der »Richtlinien zum Traditionsverständnis und zur Traditionspflege in der Bundeswehr« von 1982 (im Folgenden »Traditionserlass« genannt). Mein Anliegen besteht nicht darin, soldatische Tradition radikal neu zu definieren oder Ihnen ein magisches Mittel nach Art von Lean Six Sigma in die Hand zu geben, das diese Frage endgültig beantwortet und aus der beruflichen Welt des Offiziers wegpustet. Soldaten müssen und wollen Verantwortung tragen. Sie sollen im Einklang mit der Verfassung und dem Grundgesetz handeln. Und sie besitzen auf nationaler Ebene das Vertrauen des Parlaments sowie auf internationaler Ebene das Vertrauen der Partner in EU und NATO.

Vor diesem Hintergrund muss sich der Offizier einfach der erhabenen Pflicht stellen, über das Wesen des Staatsbürgers in Uniform gerade auch in historischer Dimension nachzudenken.

Die Defintion des Begriffes »Tradition« im Erlass von 1982 – »Tradition ist die Überlieferung von Werten und Normen« – ist selbsterklärend und bedarf als solche eigentlich keiner eigenen Erwähnung. Doch liegt der Haken im zweiten Satz des Erlasses, wonach Tradition sich »in einer wertorientierten Auseinandersetzung mit der Vergangenheit« bildet. Im Englischen würde man sagen: *»That is the hard part!«*

Welche Rolle aber spielt nun der militärische Vorgesetzte – und nicht weniger der Wissenschaftler – im Dienste des Staates in dieser »wertorientierten Auseinandersetzung mit der Vergangenheit?« Der Traditionserlass von 1982 führt aus, dass »die

* Überarbeitete Fassung eines Vortrags vor dem Inspekteur der Luftwaffe der Bundeswehr und Angehörigen der Offizierschule der Luftwaffe im Februar 2009 in Wildbad Kreuth.

Pflichten des Soldaten [...] unserer Zeit sittlichen Rang durch die Bindung an das Grundgesetz« erlangen. Der Maßstab der symbolischen Bedeutung unseres Dienstes ist also eindeutig festgelegt. Es geht nicht um Werte an sich, sondern um deren Verbindung, deren Rückkoppelung, ja, deren Rückbezug auf die im und durch das Grundgesetz definierte freiheitlich-demokratische Grundordnung.

Die soldatische Tugend der Tapferkeit darf durchaus weiterhin als klassischer, als »ewiger« soldatischer Wert aufgefasst werden. Doch von entscheidender Qualität für die Tapferkeit ist das »Warum« und »Wofür«. Tapferkeit muss sich an der Zielrichtung und an der Motivation soldatischen Handelns messen lassen.

Der Traditionserlass von 1982 ist gefasst im Sinne des mitdenkenden Gehorsams und des Muts zur Entscheidung. Er atmet den Geist der offenen Gesellschaft. Dem Soldaten und insbesondere dem Vorgesetzten kommt damit die Aufgabe zu, diesen Freiraum zu begreifen, und Differenzierungsvermögen in nicht abstrakter Form an den Tag zu legen.

Meine Verpflichtung als Wissenschaftler besteht darin, den Offizier entsprechend zu sensibilisieren und ihm in Anbetracht einer nicht einfachen historischen Sachlage und der Notwendigkeit zur Entscheidung, wie sie nun einmal mit dem Status des Offiziers und auch des Unteroffiziers verbunden ist, zur Seite zu stehen.

Im Sinne dieser Sensibilisierung sei gleich provokant gefragt: Haben uns Geschichte und Tradition, die Wirklichkeit und die Idealbilder der deutschen Demokratie heute überhaupt noch etwas zu sagen? Schließlich geht die Geschichte bekanntlich weiter und die strategische Lage stellt sich heute ganz anders dar als 1982, d.h. am Ende der Regierung unter Helmut Schmidt, deren letzter Handlungsakt die »Richtlinien zur Traditionspflege« in gewisser Weise waren.

Ich meine: »JA«. In einer Einsatzarmee stellen gerade Geschichte und Tradition, d.h. die Auseinandersetzung um die Werte, die Idealbilder und die Wirklichkeit des Soldatentums, besondere Herausforderungen für den Soldaten wie auch für den Historiker dar. Denn es geht um wertorientiertes Handeln!

Freilich darf unter dieser ideellen wie auch materiellen Vorgabe die Geschichte nicht zur bloßen Keule oder zum Fundus, zur Asservatenkammer für vermeintliche Rechtfertigungen verkommen. Beispiele, die dann letztlich doch nicht sehr viel zur Lösung des Problems beitragen, finden sich in der deutschen Vergangenheit, und nicht weniger in der amerikanischen Gegenwart, zuhauf.

Stellt sich die Definition von »Tradition« im Erlass von 1982 noch einfach dar, so bildet dagegen die Unterscheidung zwischen »Geschichte« und »Tradition« eine Hauptschwierigkeit bei der wertgebundenen Auseinandersetzung mit der Vergangenheit auf der Grundlage des Grundgesetzes. Es gilt zu beachten, dass das Grundgesetz kein bestimmtes Geschichtsbild zwingend vorgibt. Es handelt sich um die Verfassung in einer offenen und für eine offene Gesellschaft. Darüberhinaus machen die meisten unserer Mitmenschen, ob im militärischen oder im zivilen Umfeld, leichtfertigerweise keinen Unterschied zwischen diesen beiden Begriffen.

In den Vereinigten Staaten ist seit der Jahrtausendwende dieses Problem mit den begrifflich zwei Aspekten der Vergangenheit besonders virulent gewesen. Darauf möchte ich am Ende in analytischer Hinsicht näher eingehen. Da es mir um die Praxis in der Offizierausbildung und für den Offizier geht, betrachte ich es nicht als meine

Aufgabe, eine kompakte philosophische Abhandlung zur Geschichtstheorie zu liefern. Doch muss ich ansprechen, dass in der zivilen wie militärischen Öffentlichkeit sowie in der Truppe »Geschichte« und »Tradition« völlig unbefangen miteinander vermengt und verwechselt werden.

Ich provoziere weiter: Die drei Traditionssäulen der Bundeswehr, die übrigens im Traditionserlass von 1982 nicht explizit aufgeführt sind, betonen den Wert der Bundeswehrgeschichte als eine Quelle der Überlieferung. Doch kann die Bundeswehrgeschichte, die ihre längste Zeit, nämlich von 1955 bis 1990, durch die Strategien des Nordalantischen Bündnisses, das Prinzip der Abschreckung und die Parole »Der Frieden ist der Ernstfall« (Bundespräsident Gustav Heinemann, 1969) geprägt war, in einem Zeitalter wachsender politischer Gewalt mit quasireligiöser Fundierung überhaupt eine soldatische Tradition begründen?

Müsste es, salopp formuliert, nicht eher heißen: Jetzt aber haben wir die »Bundeswehr im Einsatz«; es muss und es wird gekämpft werden; die Feuertaufe steht unmittelbar bevor? Wäre es da nicht besser, man griffe in die historische Rüstkammer, welche die deutsche Militärgeschichte des 20. Jahrhunderts prall gefüllt bietet, und reaktivierte den deutschen Soldatentypus des Ersten, oder, noch besser, des Zweiten Weltkrieges?

Ich will erklären, worin die Implikationen dieses Lösungsansatzes liegen, um Missverständnisse zu vermeiden. Bei unserer Suche nach wertvollen soldatischen Traditionen angesichts der verschiedenartigen Aufträge sowie der *roles and missions*, welche die Bundeswehr heute als Armee im Einsatz beschäftigen, muss man sich davor hüten, in die »Traditionsfalle« zu geraten, indem man zum Beispiel gefallene Kampfflieger vergangener Epochen nur als Inbegriff der latenten oder expliziten demokratiefeindlichen Gesinnung in der Bundeswehr versteht. Solcher Argwohn gegenüber »brauner Gesinnung« unter den Soldaten mag im Jahre 1956 vielleicht seine Berechtigung gehabt haben. Heute wirkt er anachronistisch und aufgesetzt. Die Bundeswehr war und ist eine erfolgreiche Armee in der und für die Demokratie.

Wenn man dennoch in diese Falle tappt, so wird der Blick darauf verstellt, dass die Debatte über die gültige Tradition mitunter von denjenigen missbraucht wird, die als lautstarke Interessengruppen die Traditionsdebatte innenpolitisch instrumentalisieren, um zu dokumentieren, dass sie der Bundeswehr samt der Verteidigungspolitik dieses Landes, der EU und der NATO ablehnend gegenüberstehen. Bei manchen Wortführern dieser Ausrichtung findet man Argumentationsmuster alter Provenienz neu aufgeputzt, die sowohl sehr extrem als auch zugleich unhistorisch sind.

Solche extreme Positionen erschweren den Auftrag ungemein. Man darf aber auch nicht einfach vergangene Erfahrung militärischen Könnens und soldatischen Tuns als Bedienungsanweisung oder Werkzeugkasten für die Gegenwart sorglos wieder- oder weiterverwenden, ohne den politischen, strategischen und sogar kulturellen Kontext der damaligen Ereignisse und Persönlichkeiten zu erwähnen und darüber zu reflektieren. Das heißt, unser Nachdenken über die Beschaffenheit und den Charakter des gültigen Erbes benötigt fundierte Kenntnisse der Geschichte über einen langen Zeitraum, länger als die viel diskutierten Ereignisse des 20. Jahrhunderts, – und damit keine Verengung auf das »Tausendjährige Dritte Reich« und die Jahre des mehr oder minder frostigen Kalten Krieges mit seinen zuweilen sehr heißen *highlights*.

Dieses Reflektieren über lange historische Zeiträume steht konträr zur Kurzfristigkeit und Kurzatmigkeit politischen und militärpolitischen Handelns. Auf die Bundeswehr gemünzt bedeutet dies: Die Fähigkeit zur Zeitanalyse eröffnet dem am Prinzip der Verantwortung orientierten militärischen Handeln neue Horizonte. Damit erst erschließt sich der Sinn historisch-politischer Bildung in der Bundeswehr als eine Komponente der Inneren Führung. Hierfür stehen die Worte des ersten Bundespräsidenten, Theodor Heuß: »Nur wer weiß, woher er kommt, weiß, wohin er geht.« Die Vermittlung dieser Zusammenhänge ist die Aufgabe des Historikers, insbesondere in der Lehre, und es ist nicht minder auch die Aufgabe des gebildeten Offiziers.

Als jemand, der von außen auf Deutschland blickt, versage ich es mir nicht, einen heiklen Punkt in einer Weise anzusprechen, die vielleicht hart klingt oder gegen gewisse Anstandsregeln hierzulande verstößt: Eine gefestigte Demokratie, wie sie heute in Deutschland existiert, muss sich selbst sowie ihren Soldaten erlauben, die Notwendigkeit des Kampfes und des Opfers im Gefecht auf eine Weise zu ehren, wie es auch in den demokratischen Nachbarländern der Fall ist, ohne dass deshalb Grund zur Sorge besteht, die Demokratie könnte Schaden nehmen oder gar zerbrechen.

Briten, Franzosen, Holländer, Italiener und Polen ehren ihren Soldaten mit ihren Traditionen, ihrem Brauchtum und ihrem Zeremoniell. Entsprechend sollte dies auch in Deutschland unter Besinnung auf den *common sense* möglich sein. Hier wie dort besteht, wie gesagt, nicht die geringste Sorge um die Demokratie.

Historiker sind Analytiker und Interpretatoren der Zeiten. Der Traditionserlass von 1982 stellt hierbei einen brauchbaren Wegweiser dar, indem er den überragenden Stellenwert politisch-historischer Bildung erkennt und »fordert, den Gesamtbestand der deutschen Geschichte in die Betrachtung einzubeziehen und nichts auszuklammeren« (Ziffer 5), sowie unmissverständlich klar macht, dass »ein Unrechtsregime, wie das Dritte Reich, [...] Tradition nicht begründen [kann]« (Ziffer 6).

Und so begreife ich in der Auseinandersetzung um die Ethik und die Wertgebundenheit des Soldaten meine Rolle als Historiker als Träger der Verantwortung. Dieses Selbstverständnis und dieses Postulat beschäftigen mich als Amerikaner seit dem 11. September 2001 ganz besonders.

Die Herausforderungen sind vielfältig und gewaltig: die Entgrenzung des Krieges, die in der Zeit des Kalten Krieges für überholt geglaubte Verbindung von Religion und politischer Gewalt, die schwindende Trennung zwischen innerer und äußerer Sicherheit im Dienst des Soldaten und schließlich die Bereitschaft, unter Lockerung des Rechtsstaates Folter in Uniform und im Namen des Soldaten zu dulden.

Ich bin davon überzeugt, dass ein geisteswissenschaftliches Format entscheidend zur Bewältigung dieser Herausforderungen beitragen kann. Der Historiker im Gefüge der Streitkräfte, so wie ich meinen Auftrag betrachte, darf nicht nur den Mahner, den ewigen Neinsager und die Kassandra spielen, sondern er muss sich als der Partner des gebildeten Offiziers in der Erziehung und Bildung der Soldaten und Soldatinnen verstehen. Diese Forderung bedeutet nicht, dass ich meine eigenen ethischen und beruflichen Werte als Historiker vulgär preisgebe, wie es so mancher

Geschichtsdeuter, Publizist oder gar Propagandist aus einem bestimmen politischen Lager in meinem Lande getan hat. Es sind Persönlichkeiten, die Ihnen bekannt sein dürften. Robert Kagan zählt zu dieser Kategorie.

Um auf Deutschland zurückzukommen: Wenn von einem berühmten Jagdflieger in Verbindung mit dem Begriff der »Bundeswehr im Einsatz« gesprochen wird, so fließt dies zwangsläufig ein in die fortwährende Debatte über die Rolle der Soldaten in der Demokratie sowie über die politische Zweckmäßigkeit militärischer Institutionen in der deutschen, europäischen und atlantischen Sicherheits- und Verteidigungspolitik. Die Kontroverse über militärische Tradition zieht demnach erheblich größere Kreise, als es auf den ersten Blick erscheint. Sie beschränkt sich nicht auf bloße Traditionsfragen. Es geht vielmehr um Grundorientierungen, die in Konkurrenz zueinander stehen und sich im Extremfall ausschließen können.

Die Kontroverse über historische Vorbilder und Nicht-Vorbilder bildet selbst schon eine Tradition. Sie gehört zur sogenannten dritten Traditionssäule, dargestellt durch die Geschichte der Bundeswehr. Sie verkörpert einen Teil der Geistes- und Mentalitätsgeschichte der Bundeswehr und damit verschiedene, zum Teil kontroverse Vorstellungen vom Staatsbürger in Uniform und einer Armee in der Demokratie. Diese mentale Dimension, diese Geistesgeschichte des Soldaten darf nicht etwa als lästig empfunden werden. Ganz im Gegenteil, sie steht für ein im besten Sinne des Wortes teures Gut, einen Wert an sich, auf den die Bundeswehr mit Recht stolz sein kann.

Warum gelange ich zu diesem für Sie vielleicht überraschenden Urteil? Bekanntlich lehre ich an der Naval Postgraduate School in Monterey, Kalifornien. Seit einigen Jahren befindet sich mein Land im Krieg, und Kriegseinsätze prägen meine Studenten und Studentinnen. Täglich bin ich – die ausländischen *scholars* tun ein Übriges – mit der Notwendigkeit konfrontiert, historisches Wissen im Sinne des gebildeten Offiziers im besten Sinne weiterzureichen und zu interpretieren. Ich muss komplexe Sachverhalte erklären, und dies vor dem Hintergrund einer emotionalen Dimension, die Rückwirkungen auf das politische und gesellschaftliche Selbstverständnis des Soldaten hat. Junge Leute, an deren Uniformen schwere und volle Ordensspangen heften, gestehen mir in stillen Momenten, dass sie *burned out* seien. In ihrer Lage gewinnt für diese jungen Leute die Devise, »Bildung habe einen Wert an sich«, eine sehr spezifische Bedeutung. Wenn es heute bei der Gestaltung unserer Sicherheits- und Verteidigungspolitik mehr denn je um Orientierung geht, dann wegen des Wertes historischer und politischer Bildung.

Heute ist in den Vereinigten Staaten der Leitwert des gebildeten Offiziers im klassischen mitteleuropäischen Sinne wichtiger denn je. Das schließt nicht aus, dass ich in meiner Funktion jetzt und künftig verpflichtet bin, die Bedeutung der soldatischen Ethik und die Rolle der Geisteswissenschaften selbst auf der taktischen Ebene geduldig und sorgfältig zu erklären.

Die Kontinuität alter Debatten: Traditionsdebatte im staatlichen und internationalen Kontext

In meinem Land hat man zu vielen Aufgaben noch immer eine Haltung, die man als unhistorisch oder als Haltung jenseits der Historie bezeichnen könnte. Die heute mehr denn je gültige Forderung von Clausewitz nach der Analyse der Chronologie, ihren Ursachen und Folgen sowie einer Gesamtwertung der Geschehnisse findet dabei keine Berücksichtigung, wird nicht einmal ansatzweise erwogen. Im Gegenteil: Man formuliert gleich eine Liste von *lessons learned*, die alles andere als historisch sind, oder man zieht »Parallelen« zu vermeintlich ähnlichen Ereignissen in der Vergangenheit, ohne dabei wirklich historisch zu denken. Auf diese Weise verkommt Geschichte unreflektiert zum Steinbruch der Vergangenheit und Militärwissenschaft zur bloßen Zitatologie.

In Deutschland hingegen kam die Kontroverse der Jahre 1998 bis 2005 um das gültige Erbe und die Benennung von Truppenteilen oder Kasernen nicht von Ungefähr oder aus heiterem Himmel. Diese Kontroverse bildete nur eine neue Episode einer alten Auseinandersetzung, deren Charakter ich noch kurz skizzieren möchte.

Entscheidend ist, dass dieser »simple« Tatbestand bei manchem in Vergessenheit geraten war. Ich will versuchen, das Gedächtnis zu reaktivieren, indem ich das Stichwort »*cold war compromise*« gebe. Es beschreibt den zivil-militärischen Kompromiss der Gründungsväter der Bundesrepublik hinsichtlich eines Soldatenbildes, das kompatibel mit der Demokratie sein und der Verteidigungssituation der Bundesrepublik und des Nordatlantischen Bündnisses entsprechen sollte. Damit die junge Bundesrepublik Vertrauen jenseits ihrer Grenzen gewinnen konnte, war überdies die Gefühlslage der Nachbarn Deutschlands zu berücksichtigen, die der deutschen Wiederbewaffnung anfangs verständlicherweise mitunter skeptisch gegenüberstanden. Schließlich waren seit dem Kriegsende 1945 erst gut zehn Jahre vergangen, und Deutsche trugen schon wieder Militärkleidung und die »Braut des Soldaten«.

Man muss gerade im Schatten der Ereignisse von 2005 (Affäre um die Person von Werner Mölders), die besonders die deutsche Luftwaffe betrafen, die wichtigen Linien der Kontinuität dieser alten Debatte seit der Bewaffnungsphase der Bundesrepublik Deutschland bis hinein in die Gegenwart herausheben. Dabei wird eine Geschichte des Ringens um die gültigen Werte des soldatischen Selbstverständnisses sichtbar, die besonders für deutsche Streitkräfte eine entscheidende Bedeutung besitzt.

Auch die Rolle der Bundeswehr bei *security building* und *postwar reconstruction* ist davon berührt. Wie sich diese *postwar reconstruction* im inneren Gefüge der Bundeswehr während der 1950er und 1960er Jahre entfaltete, ist für unser Thema von entscheidender Bedeutung. Die Debatte um den historischen Charakter des soldatischen Erbes angesichts eines gewandelten Bildes der politischen Gewalt ist sogar ein notwendiges Merkmal einer demokratischen politischen Kultur in Deutschland. Ich unterstreiche, dass Deutschland hierdurch einen Vorbildcharakter für Europa und andere Länder erhält. Mit anderen Worten: Die Traditionsdebatten sind nicht dysfunktional.

Die Karikatur dieser politischen und strategischen Kultur, wie sie von Robert Kagan im Jahre 2002 gezeichnet wurde, bildet ein entstellendes Zerrbild der Wirklichkeit. Kagan liegt falsch. Die deutsche politische Kultur mit dem Staatsbürger in Uniform im Gefüge des Grundgesetzes ist eine große Errungenschaft der Bundesrepublik Deutschland sowie der Bundeswehr im nunmehr sechsten Jahrzehnt ihres Bestehens.

Man sollte immer bedenken, dass es auch anders hätte kommen können – und zwar mit schlimmen Folgen. Wie würde wohl der 60. Jahrestag der Bundesrepublik begangen werden, wenn die Skeptiker der Bundeswehr im Jahre 1956 Recht behalten hätten und die Bundeswehr sich zum Staat im Staate entwickelt hätte? Ganz so abwegig ist diese kontrafaktische Frage nicht. Allein die Erfahrung des deutschen Soldaten in der ersten Hälfte des 20. Jahrhunderts verhindert oder verbietet sogar unangemessene Vergleiche mit anderen Ländern oder Geschichtsepochen. Als Historiker – und in diesem Fall als Partner des Soldaten – ist man geradezu verpflichtet, die Debatte über brauchbare Traditionen in den historischen Kontext zu stellen. Das wiederum macht es erforderlich, den Wandel des Traditionsverständnisses in ihren Bezügen zur Innenpolitik, zum internationalen Staatensystem sowie zum Charakter der politischen Gewalt in den letzten 60 Jahren mit größerer Sorgfalt zu interpretieren, als dies vor allem in den Vereinigten Staaten üblich ist. Dort geht man mit der Geschichte des Krieges, mit dem Erbe des Soldaten im politischen Umfeld sowie mit den spezifischen Begebenheiten des Wandels im Zeitalter der sogenannten asymetrischen Kriege, des Terrorismus und der Globalisierung reichlich unhistorisch und propagandistisch um.

Als Außenseiter, der freilich einige Erfahrung mit der Bundeswehr, den Streitkräften anderer NATO-Länder sowie mit Streitkräften der Partnership-for-Peace-Staaten und sogar jenen außereuropäischer Staaten gesammelt hat, möchte ich an dieser Stelle einen biografisch-vergleichenden Ansatz dazu verwenden, um die Tradition der Bundeswehr im Einsatz zu diskutieren.

Innere Führung und Tradition: Persönlichkeiten im Geflecht des strategischen Wandels

Wie aufgefallen sein dürfte, steht im Mittelpunkt meiner Ausführungen jene historische und politische Verbindung, die sich einerseits zwischen der Inneren Führung der Bundeswehr und andererseits dem Ringen um die politisch brauchbaren Traditionen einer Armee in der Demokratie im Schatten der deutschen Katastrophe ziehen lässt. Dieses Ringen erfasste die Reihen der Soldaten ebenso wie die gesamte, freilich vorerst nur westdeutsche Gesellschaft.

Mit dem Entwurf der Konzeption der Inneren Führung zwischen 1950 und 1953, also noch bevor es die Bundeswehr überhaupt gab, ist die Auseinandersetzung über ein gültiges Erbe des deutschen Soldaten in die Wiege der neuen Armee gelegt worden. Für die jungen Offiziere heute ist die damalige Welt schwer zu begreifen. Sie bleibt dennoch wichtig für uns heute, weil die damaligen Akteure in ihrer geistigen Frische und Vitalität vorbildlich waren und sind.

Die lange und heftige Debatte über die Bedeutung der Inneren Führung war untrennbar mit der Bestimmung der »Vergangenheitspolitik« bzw. »Traditionspolitik« in der Ära des Kalten Krieges von Adenauer bis Kohl verbunden. Den entscheidenden, aber auch sehr kontrovers diskutierten Schritt machte man während der 1950er und 1960er Jahre mit der Integration des Soldaten in die junge westdeutsche Demokratie. Als »Bürger in Uniform« stand er im Gegensatz zu anderen Bildern vom Soldaten, wie sie uns im militärischen Stand des 19. Jahrhunderts, im Seeckt'schen 100 000-Mann-Heer, im nationalsozialistischen »Volksheer« namens Wehrmacht und auch in der Armee sozialistischen Typs (NVA und Warschauer Pakt) begegnen. Jener Schritt erscheint uns heute in einem anderen, klareren Licht, als dies im Oktober 1989 der Fall war, also kurz vor Erscheinen meines Buches über »Bundeswehr und Tradition« in der Schriftenreihe »Beiträge zur Militärgeschichte« des Militärgeschichtlichen Forschungsamtes.

Soldaten und viele (Alt-)Bundesbürger, die diese Auseinandersetzung über soldatische Werte zwischen etwa 1955 und 1985 verfolgten, erlebten die Kontroverse unter einer Kurzformel, die einen Gegensatz in personalisierter Form sichtbar machte: hier die Reformer, d.h. die Verfechter der Inneren Führung in Uniform, im Parlament und in der politischen Kultur im Allgemeinen; dort die Traditionalisten, also die Skeptiker oder Gegner der Inneren Führung, die Wertkonservativen in Uniform und die Vernunftdemokraten unter den Soldaten sowie ihre Fürsprecher in der Gesellschaft.

Die Diskussion um die soldatische Tradition in den entscheidenen Phasen bis zum Traditionserlass von 1982 wurde immer mit dieser dialektischen Begrifflichkeit umschrieben. Doch bin ich nicht ganz überzeugt davon, dass sie der ganzen Wirklichkeit dieser zivil-militärischen Reform gerecht wird. Mit Recht dürfen Sie jedoch von mir als Historiker erwarten, dass ich dem auf den Grund gehe.

In dem geradezu epischen Drama mit dem Titel »Reformer gegen Traditionalisten« gibt es zwei Hauptpersonen, die immer wieder mit eben jenen beiden dialektischen Positionen in Truppe und Öffentlichkeit herausragen: Wolf Graf von Baudissin und Heinz Karst. Obwohl beide Personen entscheidend an der Erarbeitung und Durchführung des Reformkonzepts vom Staatsbürger in Uniform von 1951 bis 1961 mitgewirkt haben, entwickelten sich zwischen ihnen in der zweiten Hälfte der 1950er Jahre, als die Bundeswehrplanung der Vorlaufphase mit der strategischen Wirklichkeit der Gegenwart zusammenprallte, erhebliche Meinungsverschiedenheiten über die Reform – und hieraus eine persönliche Rivalität bis hin zu einer öffentlichen Fehde. Der Begriff der Tradition war immer Gegenstand dieser persönlichen, institutionellen und gesellschaftlichen Auseinandersetzung. Das Verhältnis zwischen jenen beiden Männern und ihre Wirkung bei der Truppe und im Staate hatte viele Dimensionen, die uns auch heute wichtig sind.

Graf Baudissin wurde bekannt für seine funktionalistische, ethische Auslegung der Inneren Führung. Sie gründete auf bestem preußischen Erbe, dem Pietismus, war aber auch beseelt vom besonderen Geist, der im Infanterieregiment »Graf Neun« in Potsdam herrschte, und damit auch vom Geist der Märtyrer des 20. Juli 1944. Seit den Tagen im Herbst 1950, als er im Eifelkloster Himmerod die Umrisse der neuen Streitkräfte abstecken half, war Baudissin Verfechter einer Armee ohne Pathos, eingebettet nicht nur in den neuen demokratischen Staat, sondern auch in der bundesdeutschen Gesellschaft im Zeichen des Wandels zur Westbindung und der Abkehr vom deutschen Sonderweg.

Heinz Karst dagegen, der im Jahre 1952 ins Amt Blank in der Bonner Ermekeilstraße eintrat, wurde eher bekannt als wortstarker und truppennaher Verfechter eines traditionellen militärischen Standes in der jungen Bundesrepublik. Ihm zufolge sollte der Soldat als Fels in der Brandung einer immer stärker pluralistischen Gesellschaft stehen, wie sie sich in Westdeutschland zur Zeit der damaligen Großen Koalition entwickelte. Wohlbemerkt: eine Haltung, die sich kaum von jener des US-Amerikaners Samuel Huntington unterschied und auch kaum von den Positionen abwich, die viele britische und französische Offiziere in der NATO zu jener Zeit vertraten.

Für viele Beobachter der Bundeswehr in den späten 1960er und frühen 1970er Jahren vereinfachte sich die Dialektik immer mehr: Graf Baudissin mit seiner eher skeptischen Haltung zur Tradition (besonders dem Traditionskult der Reichswehr und der Wehrmacht) musste mit dem Vorfwurf leben, sozusagen ein roter Edelmann ohne nötige Ostfronterfahrung zu sein, der politisch immer »linker« geworden sei, bis er schließlich in Hamburg zum Professor berufen wurde. Dagegen stand Karst als der Vordenker einer konservativen Richtung in der Bundeswehr, der bereit war, vielleicht etwas zu viel von der Traditionspflege früherer Zeiten wieder einzuführen, bis er sich schließlich im Jahre 1970 mit Verteidigungsminister Helmut Schmidt nicht über eine einheitliche Linie in der Erziehung und Ausbildung des Heeres einigen konnte und gehen musste.

Beide Persönlichkeiten aber verkörperten den *»cold war compromise«* im inneren Gefüge der neuen Bundeswehr: Den ehemaligen Soldaten der Wehrmacht wurde die Möglichkeit eingeräumt, mit dem Eid auf das westdeutsche Grundgesetz weiter zu dienen und zugleich die eigenen taktisch-operativen Erfahrungen, insbesondere von der Ostfront des Zweiten Weltkrieges, in ihren neuen Dienst mit einzubringen, ja, mehr noch: sie unter der NATO-Flagge weiterzuentwickeln. Konventionelle und atomare Elemente bildeten dabei ein durchaus widersprüchliches Amalgam. Bis in die 1960er Jahre hinein blieb die ganze Wahrheit der Kriegführung im Zeichen des Rasse- und Vernichtungskrieges gegen die Sowjetunion unausgesprochen – genannt seien hier die Stichworte »Kommissarbefehl« und »Generalplan Ost«.

Damit komme ich zum entscheidenden Punkt: Die Auseinandersetzung zwischen Baudissin und Karst, wie diejenige zwischen den sogenannten Reformern und Traditionalisten insgesamt, besaß eindeutig eine Verbindung zur strategischen Gesamtlage der damaligen Zeit – ich darf an dieser Stelle auf die NATO-Strategiepapiere MC 14/2 und MC 48 bis MC 14/3 verweisen, und damit auf die Konzepte der *massive retaliation* und der *flexible response.* Sie war entscheidend für die Geschichte der Bundeswehr, genauso wie heute das Zusammenspiel von nationalen Interessen, der Staatskunst und der Bündnisstrategie unsere Welt beherrscht.

Die Wertung der soldatischen Tradition in den Werken jener beiden Männer beschränkte sich nicht allein auf die Frage nach dem Erbe der Wehrmacht in der Bundeswehr, obwohl diese Frage nicht unterschätzt werden darf. Die Frage der Tradition war und ist die Fortsetzung oder die Erweiterung der strategischen

Gegenwart mit symbolischen und historischen Mitteln in der demokratischen politischen und strategischen Kultur. Auf den Punkt gebracht heißt das: Die wertorientierte Auseinandersetzung über das Bild der soldatischen Tradition muss zwangsläufig mit der gegenwärtigen Strategiedebatte verbunden werden.

In der Rückschau auf die Schriften Baudissins und Karsts von den 1950er Jahren bis in die 1970er Jahre wird deutlich, in welch enger Verbindung zueinander Traditionverständnis und strategisches bzw. taktisch-operatives Denken stehen. Karst blieb immer ein Vertreter des klassischen, preußisch-deutschen operativen Denkens in den Kategorien der Landkriegführung – und das selbst im Thermo-Nuklearzeitalter. Graf Baudissin hingegen wurde in den frühen 1960er Jahren ein Interpret der nuklearen Abschreckung. In diesem Szenario wären klassische Kampfhandlungen alten Stils sehr problematisch, ja fast unwahrscheinlich und absurd gewesen. Ich empfehle in diesem Zusammenhang ausdrücklich die neuesten Publikationen des Militärgeschichtlichen Forschungsamtes zur Strategie der NATO und zur Bundeswehr. Sie geben guten Aufschluss über die strategische Problematik im Umfeld der beiden Persönlichkeiten.

Bei beiden Symbolfiguren und prominenten Protagonisten im Traditionsdisput ist der Bezug zur strategischen Debatte im Wandel von der Nuklearstrategie der *massive retaliation* hin zur Strategie der *flexible response* immer gegeben. In der letzten Phase seines Lebens wurde Baudissin auch bekannt für seine Schriften zu strategischen Gegenwartsfragen, die er aufgrund sowohl seiner NATO-Erfahrung als auch seiner Tätigkeit in der akademischen sicherheitspolitischen Forschung analysierte.

Angesichts der sowjetischen Hochrüstung in den 1970er Jahren und zu Beginn der 1980er Jahre blieb die strategische Notwendigkeit zur Aufrechterhaltung der *flexible response* unabdingbar. Dies hinwiederum ist ein Beleg für das enge Geflecht zwischen der Bundeswehr-Traditionsdebatte und den damals wie heute aktuellen strategischen Entwicklungen. Auch hierfür ein historisches Beispiel: 1976/77 entbrannte nicht von ungefähr die Kontroverse über den Besuch von Hans-Ulrich Rudel beim Immelmann-Geschwader der westdeutschen Luftwaffe in Bremgarten. Bekanntlich war der hochdekorierte ehemalige Kampfflieger und Oberst der Wehrmacht mit seiner rechtsextremen Gesinnung ein Gegner der inneren Ordnung der Bundesrepublik. Just zur selben Zeit begann eine neue Kontroverse über die künftige Nuklearrüstung der NATO. Sie ging einher mit dem Ausklang der seit Anfang der 1970er Jahre vorherrschenden Entspannungseuphorie. Genau zu diesem Zeitpunkt begann auch der »*cold war compromise*« der 1950er und 1960er Jahre im soldatischen Selbstverständnis der Bundeswehr zu erodieren.

Natürlich liegt das alles inzwischen schon längere Zeit zurück. Doch die Geschichte wiederholt sich mitunter trotz anderer Gesamtkonstellation. Zweifelsohne lässt sich auch heute eine Neuformation in strategischen Dingen feststellen. So gesehen sind die Rückwirkungen auf das Traditionsverständnis der Bundeswehr geradezu zwangsläufig. Der Bundeswehr, die eine Einsatzarmee sein will und soll, bleibt gar nichts anderes übrig, als eine Traditionsdebatte zu führen. Gleichgültig, ob politisch-militärische Entscheidungsträger dies wollen oder nicht.

Die Umbenennung des Jagdgeschwaders 74 »Mölders« erfolgte unter dem Primat der Innenpolitik. Die Diktion des einschlägigen Parlamentsbeschlusses von April 1998 beweist das nur zu gut.

Getreu der These vom Primat der Außenpolitik – um mit Leopold von Ranke zu sprechen, dem Vater der Geschichtswissenschaft als akademische Disziplin – liegt in der Suche nach dem gültigen Erbe schlechthin der Gradmesser für die Einbettung der Armee in den demokratischen Staat und die Verinnerlichung der Außen- und Sicherheitspolitik des Staates durch das Militär. Es will dabei bedacht sein, dass infolge der intensiver gewordenen Auseinandersetzung mit dem Nationalsozialismus mittlerweile eine viel kritischere Sicht auf staatliche Institutionen vorherrscht. Dies hat Rückwirkungen auf die Denkweise, was Inhalte und Gültigkeit der deutschen soldatischen Tradition betrifft. Die Geschichte ist über die Gründungsphase der Bundesrepublik Deutschland und die Aufstellungsphase der Bundeswehr längst hinweggegangen.

Halten wir fest: Die rasante Abfolge weltgeschichtlicher Veränderungen seit November 1989 und September 2001 hat der scheinbar betagten Debatte über die Tradition, die Symbole, das Brauchtum und das Bild des Soldaten in der Demokratie neue Bedeutung gegeben. Mehr noch: eine neue Prägung einer alten Form. Dies erfolgte gerade im Hinblick auf die begrenzte Anwendung der politisch legitimierten Gewalt angesichts der weitreichenden ideologischen Zielsetzung eines Weltanschauungskrieges.

Weil die soldatische institutionelle Traditionsdebatte ein Gradmesser deutscher zivil-militärischer Beziehungen ist, müssen wir uns am Ende noch mit den gegenwärtigen Folgen dieser Debatte auseinandersetzen. Es geht um das Prinzip »Verantwortung«. Wir haben diesbezügliche Folgen zu bedenken, gerade was die Frage der historischen Dimension des soldatischen Selbstverständnisses betrifft.

Die Herausforderungen der Bundeswehr als Einsatzarmee, also die – wie es in griffigem Englisch heißt – »*roles and missions of federal armed forces in security building, post war reconstruction and counter terrorism*«, haben aus meiner Sicht der bereits selbst schon Tradition gewordenen Debatte über den Charakter des deutschen Soldatentums neue Schubkraft gegeben. Und dies sowohl in der politischen Kultur Deutschlands als auch weit über Europa hinaus!

Doch was für eine Bedeutung hat das Feld mit den Markierungen »Einsatz«, »Transformation« und »Tradition« für die deutsche Luftwaffe? Hierzu abschließend einige Anmerkungen: Die Auseindersetzung mit dem Begriff »Tradition« führt am Schluss immer auf die Institution des Staatsbürgers in Uniform zurück, und dieser verkörpert beileibe kein Überbleibsel einer leblosen, weil fernen und mit dem Jahr 1989/90 abgeschlossenen Epoche. Die lebendige Tradition des Staatsbürgers in Uniform muss im 21. Jahrhundert erhalten bleiben, weil die Alternativen einfach nicht akzeptabel sind.

Die Innere Führung und die Institution des Staatsbürgers in Uniform sind keine exklusiv deutschen Schöpfungen. Sie orientieren sich an klassischen sowie in jüngerer Vergangenheit liegenden nordeuropäischen, schweizerischen und sogar US-amerikanischen Vorbildern. Sie sind demnach Teil der transatlantischen Kultur im Sinne der Aufklärung und des Rechtsstaates. Beide Komponenten sind virulent und damit Teil der Gegenwart. Sie wirken gerade im Gefolge der NATO-Osterweiterung herausfordernd. Weil sie provokant sind, werden sie konsequenterweise auch vehement angefeindet, jetzt wie in der Zukunft. Doch widerfährt ihnen dies gänzlich unverdientermaßen.

Sowohl die wertorientierte Auseinandersetzung mit der Geschichte Deutschlands als auch der heftige Disput bei den Nachbarn Deutschlands über die Innere Führung als bedeutende Errungenschaft deutschen strategischen Denkens und politischer Militärkultur liefern eine Antwort auf die Frage nach der Relevanz soldatischer Tradition für eine Armee im Einsatz. Das sollte für den Soldaten kein Grund zur Frustration sein. Erst recht nicht deshalb, weil die Antworten darauf schwierig sind. Ermuntern und ermutigen sollte vielmehr, dass der Prozess der Auseinandersetzung in sich völlig stimmig ist.

Mit Bedacht habe ich es unterlassen, die Erreignisse zwischen 1998 und 2005 bezüglich der Umbenennung des Geschwaders »Mölders« akribisch aufzulisten und anschließend zu analysieren. Hierfür sind andere Personen besser geeignet. Ich will an dieser Stelle nur auf den Vortrag von Reiner Pommerin verweisen, den er Mitte August 2007 an der Führungsakademie der Bundeswehr in Hamburg vor der Clausewitz-Gesellschaft gehalten hat. Mit ihm und frei nach Goethes »Faust« möchte ich sagen: Allwissend bin ich in Sachen Mölders nicht, doch ist mir als Mitglied der Clausewitz-Gesellschaft »manches wohl bewusst«.

Mir geht es hier darum, diese Ereignisse in einen erhellenden Kontext zu stellen. Ich bin der festen Überzeugung, dass dieser von anderen bislang nicht genügend gewürdigt worden ist. Mein Anliegen war es, einen Weg aufzuzeigen, auf dem man die Traditionsfalle mit ihrem schlagkräftigen wie verführerischen Motto »Basta! – Schluss jetzt!« vermeiden kann.

Den Verantwortlichen in Sachen Tradition kann ich deshalb nur empfehlen, nicht zu »mauern« oder sich »einzuigeln« und sich nicht gegenüber der Geschichte zu verschließen, indem sie sich – weil es scheinbar so einfach ist – an Henry Ford orientieren, der im übrigen Hitler und Mussolini sehr aufgeschlossen gegenüberstand. Ford war ein schrecklicher Vereinfacher, indem er – in aller Schlichtheit des Denkens – propagierte: »History is bunk!« Man kann nur empfehlen, gerade in geografischer Hinsicht authentisch zu bleiben und nicht das nachzuplappern, was manchmal jenseits des »großen Teichs« propagiert wird. Aufgrund meiner 35-jährigen Laufbahn und Erfahrung als Historiker für Soldaten und als jemand, der sich im soldatischen wie im universitären Umfeld auskennt, darf ich nachfolgende dreifache Erkenntnis gewissermaßen als mein Mantra verkünden:

1. *Bad history makes bad policy.*
2. *No history makes even worse policy.*
3. *The past in the hands of demagogues signifies a complete disaster, especially for soldiers.*

Die Forderung des Traditionserlasses von 1982 nach einer wertorientierten Auseinandersetzung ist immer zugleich auch eine Frage der soldatischen Verantwortung für den Staatsbürger in Uniform. Diese Auseinandersetzung bildet keine Last, sie ist eben nicht dysfunktional, sondern verkörpert eine Stärke durch die Pflichten, die der Offizier durch sein Amt gegenüber dem Soldatentum in der Demokratie hat.

Jeder »*senior officer of the German armed forces*« hat mit dieser Verpflichtung zugleich auch die Mittel in der Hand, die andere in vergleichbarer Stellung andernorts nicht haben. Man darf mir glauben, dass ich weiß, wovon ich rede, wenn ich mich hier auf meine Nation und auf das Geschehen seit der Jahrtausendwende beziehe.

Dem unbedarften Anfänger oder demjenigen, der die Sache von außerhalb betrachtet, muss die Traditionsfrage wie ein Minenfeld erscheinen, gespickt mit Tretminien in Form lauter kleiner Hakenkreuze oder Fratzen mit Hitler-Bärtchen. Wie überwindet man vermintes Gelände? Indem man die Minenfelder entweder umgeht oder sie mit technischen Tricks unschädlich macht.

Allerdings ist die Wirklichkeit viel komplexer: Die Traditionsdebatte ist nämlich geprägt durch viele Ebenen:

- Sie ist beileibe nicht nur eine geistige Auseinandersetzung über den Inhalt des gültigen Erbes des Soldaten.
- Sie ist nicht minder eine Art von »Stellvertreterkrieg« über den Widerstreit, den der Historiker Gerhard Ritter einmal in die Polarität von »Staatskunst und Kriegshandwerk« fasste.
- Dies wiederum ist nicht nur ein innenpolitisches Problem, wonach zu befürchten sei, das Militärische werde gesellschaftlich akzeptiert und Staat und Gesellschaft würden in den Militarismus entgleiten.
- Es geht vielmehr auch um die ganz grundsätzliche Frage, ob und inwieweit Macht in der internationalen Politik militärisch bestimmt sein darf.

Das Symbolische in Form der Frage nach der richtigen Tradition und das Handfest-Konkrete in Form der Frage nach der richtigen Strategie zur Verteidigung eines Landes bilden gleichsam ein Amalgam. Diese Dinge sind untrennbar miteinander verwoben. Die Verzahnung besteht zwischen den vermeintlich historischen Kapiteln der öffentlichen Debatte über den Soldaten sowie die soldatische Symbolik und Tradition einerseits, und der Zielrichtung der Außen-, Sicherheits- und Verteidigungpolitik des Landes andererseits.

Wie bereits gesagt, ist das alles nicht neu. Es lässt sich vielmehr bis in die frühen 1950er Jahre zurück verfolgen.

Gerade unter der ministeriellen Vorgabe, dass »Deutschland am Hindukusch verteidigt« werde (so Verteidigungsminister Peter Struck am 4. Dezember 2002), nimmt es nicht Wunder, dass sich Kritiker der Bundeswehr gerade an soldatischen Symbolen festhaken und Traditionen anzweifeln. Dem gegenüber ist Gelassenheit angebracht, denn es handelt sich um Mittel und Mechanismen in der demokratischen Auseinandersetzung um Krieg und Frieden.

Schließlich und endlich: Einsatz ist weitaus mehr als das Gefecht. Bekanntlich verstehen viele meiner Landsleute in den Vereinigten Staaten unter dem Begriff »Einsatz« nichts anderes als *kinetic effects,* d.h. Kampfhandlungen, konzentriert auf die ballistische Wirkung von Waffen, Geschossen, und Sprengköpfen gegen feindliche Ziele. Dieser unglückliche Versuch der Wortfindung, Interpretation und Definition stammt von zeitgenössischen und eher minderbefähigten strategischen Denkern. Dies führt uns einerseits in die Geschichte des Festungswesens zurück, und andererseits zu den Doktrinen über den Luftkrieg. All das zeugt aber auch von der Auslegung des Begriffs des Krieges im Sinne einer naturwissenschaftlichen theoretischen Tradition. Eine solche Sicht der Dinge hat interessanterweise in Deutschland heute weniger Anhänger als in den Vereinigten Staaten.

Ich möchte noch einmal nachdrücklich betonen: Der Staatsbürger in Uniform (mit seiner »lästigen« Traditionsdebatte zwischen den Positionen von Baudissin und Karst in der mittlerweile fernen Vergangenheit der alten Bundesrepublik) verkörpert nicht die Schwäche einer »unsoldatischen« Puderzuckerarmee, die auf einem fernen Stern der Liebe und dort in totaler Harmonie zu existieren scheint. Einen solchen Unsinn können nur wirklichkeitsfremde Dummköpfe glauben. Das Gegenteil ist der Fall: Der Staatsbürger in Uniform und ein damit stimmiges Tradtionsverständnis ermöglichen es einer Armee im Einsatz, die *»roles and missions«* wirklich anzupacken sowie strategisch und operativ besser zu bewältigen. Das lässt sich gerade dort erwarten, wo hochtechnisierte Waffen allein aufgrund von *»kinetic effects«* angesichts der wuchernden Zunahme organisierter politischer Gewalt in Glaubenskriegen versagen müssen und versagen werden!

Bekanntlich gibt es in den Vereinigten Staaten und ihren Streitkräften keine Innere Führung. Seit 1973 existiert dort eine Freiwilligenarmee, die aber seit 2002 überfordert und noch dazu – so meine persönliche Meinung – missbraucht worden ist. Diese Tatsache ist geschichtlich leicht belegbar. Seit Anfang der 1970er Jahre haben wir uns vom Ideal des Staatsbürgers in Uniform konsequent entfernt. Das ist den Vereinigten Staaten in den Jahren der Kriegführung seit 2001 sehr teuer zu stehen gekommen.

Die Verbindung zwischen der Demokratie und ihren Soldaten muss immer erhalten bleiben. Sie kann nicht durch *»burden shifting«* von Verantwortungslosen an Verantwortungsträger abgewälzt werden. Insofern handelt es sich um ein ›Schwarzer-Peter-Spiel‹ zwischen feinen, ungedienten Herren in den *»think tanks«* von Washington, DC, dem Militärapparat, den Berufssoldaten, den Reservisten, auch den Söldnern à la Blackwater, sowie Politclans einerseits und dem amerikanischen Steuerzahler andererseits.

Die wertorientierte Auseinandersetzung mit der Vergangenheit, die man heute in Deutschland führt und hier sicher auch noch morgen führen muss, stellt eben diese schwierige Verbindung zwischen der Demokratie und dem Soldaten her. Sie ist Komponente der Inneren Führung und repräsentiert damit im Kern das gültige Erbe des deutschen Soldaten.

Donald Abenheim

Von Inchon bis Anbar: Geschichtserziehung, Traditionspflege, »lessons learned«. Historische Bildung in den US-Streitkräften unter dem Aspekt der neueren Kriege

Das wechselvolle Schicksal der amerikanischen Streitkräfte auf den gegenwärtigen Kriegsschauplätzen Afghanistan und Irak hat altbekannten Fragen neue Aufmerksamkeit zuteilwerden lassen.* Es sind dies Fragen zur unmittelbaren praktischen Anwendung bzw. Verwertbarkeit der Vergangenheit in Staatsdiensten sowie zur historischen Bildung für Soldaten.[1] Die Forderungen nach Geschichtslehren im Sinne von »lessons learned« oder nach brauchbaren Hinweisen aus der Geschichte, die unmittelbar zum Sieg führen sollen, klingen besonders laut aus den Reihen der jungen und doch kampferfahrenen amerikanischen Soldaten, die von der »revolution in military affairs« und von der Wiederbelebung der postmodernen Blitzkrieglegenden enttäuscht worden sind. Diese jungen Offiziere, Männer wie Frauen, werden in den Ausbildungs- und Bildungseinrichtungen der US-Streitkräfte mit einer Masse von »lessons learned«, soldatischer Traditionspflege sowie einer offiziellen Praxis der »Geschichtsverwertung« konfrontiert. Entscheidend dabei ist das politische und soziale Umfeld des Soldaten außerhalb des Kasernentors, in der amerikanischen Gesellschaft und im Staat. Dort herrscht zwar ein großes und breites, allerdings kein sonderlich tiefgehendes Interesse an Militärgeschichte. Diese wird vielmehr zur Kriegsgeschichte, die unmittelbar mit dem Bild des Soldaten verquickt ist – Kriegsgeschichte, die gleichzeitig aber auch durch ein großes Unwissen von den übergeordneten Aspekten und den Hintergründen der vergangenen und gegenwärtigen Kriege geprägt ist. Der folgende Beitrag versucht, sich diesem schwierigen Thema aus drei verschiedenen Blickwinkeln anzunähern:

---

* Dieser Beitrag ist ein Wiederabdruck aus dem Sammelband: Perspektiven der Militärgeschichte. Raum, Gewalt und Repräsentation in historischer Forschung und Bildung. Im Auftrag des Militärgeschichtlichen Forschungsamtes hrsg. von Jörg Echternkamp, Wolfgang Schmidt und Thomas Vogel, München 2010 (= Beiträge zur Militärgeschichte, 67), S. 343–361.

1 Siehe Donald Abenheim, Soldier and Politics Transformed. German-American Reflections on Civil-Military Relations in a New Strategic Environment, Berlin 2007, S. 145–236; Brian McAllister Linn, The Echo of Battle: The Army's Way of War, Cambridge, MA 2007, S. 1–9, 193–243; Andrew J. Bacevich, The New American Militarism. How Americans are Seduced by War, Oxford, New York 2005.

1. aus dem Blickwinkel des demokratischen Selbstverständnisses des US-Militärs in Bezug auf dessen Militärgeschichte,
2. unter dem Aspekt des Wesens der historischen Bildung in den US-Streitkräften im Vergleich zur deutschen Bundeswehr,
3. unter Zuhilfenahme eines kritischen und doch entscheidenden Beispiels der historischen Bildung bzw. des Versuches der Herstellung von »lessons learned« in der militärischen Zeitgeschichte.

Damit verbindet sich die Absicht, das komplexe Sujet des inneren Gefüges der US-Streitkräfte und der dort vorherrschenden Auffassung von historischer Bildung (soweit man überhaupt davon sprechen kann) aus der Sicht eines unmittelbar Beteiligten vor allem für eine deutschsprachige Leserschaft kurz zu beleuchten.

Wenn die folgenden Aussagen dem einen Leser vielleicht zu kritisch und dem anderen Leser nicht kritisch genug klingen, dann liegt das am Patriotismus und der moralischen Verpflichtung eines Historikers in Staatsdiensten in Krisenzeiten. Dies sehe ich durchaus mit meiner Einstellung als Kosmopolit vereinbar, der aus seiner Erfahrung im Umgang mit amerikanischen, deutschen und anderen europäischen Soldaten in Vergangenheit und Gegenwart schöpfen kann.

Anders als mein kalifornischer Landsmann Tom Cruise, der aus gegebenem Anlass ein »modischer« Bewunderer des Märtyrers des 20. Juli 1944, Claus Schenk Graf von Stauffenberg, ist, beschäftige ich mich wissenschaftlich und beruflich seit mehr als drei Jahrzehnten mit der deutschen Geschichte, dabei vor allem mit der Militärgeschichte.[2] Ein Vierteljahrhundert lang konnte ich die Innere Führung der Bundeswehr zum Teil aus nächster Nähe studieren. Meine Ansichten zum Thema dieses Beitrages sind im Wesentlichen durch die Erfahrung der Neugründung des deutschen militärischen Berufsbildes in den Jahrzehnten nach 1950 sowie der Neuorientierung westlicher Verteidigungs- und Militärinstitutionen nach 1989 geprägt. Ein besonderes Glücksmoment war dabei die persönliche Teilnahme an den Feierlichkeiten zum 50-jährigen Bestehen des Militärgeschichtlichen Forschungsamtes (MGFA) im Herbst 2007 in Potsdam. Ohne die wissenschaftliche und berufliche Grundlage, die ich in Bonn, Koblenz, Freiburg und später in Potsdam gewinnen konnte, wäre ich nicht in der Lage gewesen, im Jahre 2007 mit den sehr schwierigen Herausforderungen zu ringen, die mit dem inneren Gefüge der US-Armee sowie der alliierten und verbündeten Streitkräfte zu tun haben.[3]

---

[2] Der Autor war von 1975 bis 1978 im Museumswesen des US-Heeres sowie im Archivwesen der Hoover Institution, Stanford University, tätig. Von 1981 bis 1984 war er als ziviler Verbindungsoffizier des US-Heeres in Europa zur Bundeswehr bzw. als Command Historian des US Army 21st Support Command in Kaiserslautern eingesetzt. Seit 1985 ist er Professor für europäische Sicherheitspolitik sowie Kriegs- und Militärgeschichte an der US Naval Postgraduate School in Monterey, CA.

[3] Der Autor ist in diesem Zusammenhang der Bundeswehr im Allgemeinen, sowie dem Militärgeschichtlichen Forschungsamt (MGFA) im Besonderen zu tiefem Dank verpflichtet.

I.

Doch zurück zu den eingangs aufgezeigten Blickwinkeln, die mich nun folgende Thesen formulieren lassen:

1. Die US-Wehrverfassung und die Theorie und Praxis der militärischen Führung, von Befehl und Gehorsam sowie die »morale« der Streitkräfte kennen kein der Konzeption der Inneren Führung der Bundeswehr vergleichbares Konstrukt.[4] In den US-Streitkräften existiert daher offiziell auch kein Auftrag zur historischen Bildung der Soldaten, der sich als Teil der politischen Bildung im bundesdeutschen Sinne versteht. Man muss daher die Handhabung der Militärgeschichte in den US-Streitkräften im starkem Maße aus dem Blickwinkel der amerikanischen politischen und strategischen Kultur oder, anders ausgedrückt, mit Blick auf die zivil-militärische Tradition amerikanischer Prägung betrachten. Dies lässt den grundlegenden Unterschied zur historischen Bildung der Bundeswehr erkennen sowie zur Entwicklung der Stellung des Soldaten im Staate in Deutschland seit dem Jahre 1950.
2. Im Vordergrund der US-Erfahrung steht die alte Schule der applikatorischen Anwendung der Kriegsgeschichte auf der taktischen Ebene, sprich: die Verwertung der Vergangenheit im Sinne der Herausbildung einer operativ-taktischen Doktrin sowie eines eher konservativen Berufsethos des Soldaten im amerikanischen Staate.[5] Diese alte Schule macht die »Kampflehren« im engeren Sinne zum Hauptgegenstand der Geschichtserziehung im Gefüge der Ausbildungseinrichtungen und Bildungsinstitutionen der Streitkräfte. Die Ähnlichkeiten mit den Traditionen und Bräuchen der preußischen und deutschen Epoche von 1890 bis 1945 sind deutlich erkennbar.
   Kritisches Urteilsvermögen durch einen wissenschaftlichen Umgang mit der Vergangenheit als Geschichte im Sinne von Scharnhorst und Clausewitz wird dem Offizier, wenn überhaupt, eher an einer anderen Stelle im US-Universitäts- und Forschungswesen vermittelt. Anstatt historischer Bildung im bundesdeutschen Sinn und den Lehren der Inneren Führung kann man im Fall der US-Streitkräfte von offizieller, quasiamtlicher Geschichtserziehung sprechen, einer Geschichtserziehung im Sinne einer Geschichtsausbildung, die zu sehr großen Teilen von einer technokratischen Verwertung der Vergangenheit zu Zwecken der herrschenden strategischen Ideen nach dem Schlagwortprinzip geprägt ist. Dies kann man etwa am Beispiel von Alfred Thayer Mahan[6] sehen, des Schöpfers

---

[4] Bacevich, The New American Militarism (wie Anm. 1); Samuel P. Huntington, The Soldier and the State. The Theory and Politics of Civil-Military Relations, Cambridge, MA 1957; Morris Janowitz, The Professional Soldier. A Social and Political Portrait, Glencoe 1960; Michael C. Desch, Civilian Control of the Military. The Changing Security Environment, Baltimore 2001; Soldiers and Civilians. The Civil Military Gap and American National Security. Ed. by Peter Feaver and Richard Kohn, Cambridge, MA 2001; Peter Feaver, Armed Servants. Agency, Oversight and Civil Military Relations, Cambridge, MA 2005.

[5] Ira Reeves, Military Education in the United States, Burlington, VT 1914; John Alger, The Quest for Victory. The History of the Principles of War, Westport, CT 1982; Carol Reardon, Soldiers and Scholars. The US Army and the Uses of Military History, 1865–1920, Lawrence, KS 1990.

[6] Alfred Thayer Mahan, The Influence of Sea Power upon History 1660–1783, Boston 1890.

der Seemacht-Theorie im späten 19. Jahrhundert. Weitere Beispiele hierfür sind der Verfassungsskeptiker und Preußen-Bewunderer Emory Upton,[7] oder auch der Air-Power-»Propagandist« Billy Mitchell.[8] Stellvertretend für diesen Umgang mit Geschichte steht ferner die Neuentdeckung von Carl von Clausewitz in den 1970er Jahren (die heute wieder bitter verworfen wird)[9] oder die »revolution in military affairs« (Dreyse, Moltke & Co.) sowie die aktuelle Neuentdeckung von Joseph Gallieni in Nordafrika und Robert G.K. Thompson in Malaya.

3. *Bad history makes bad policy and worse strategy.* Die Frage der Verwertung der Vergangenheit in amerikanischer Tarnuniform führt in die Gegenwart der aktuellen Kriegsereignisse und zum Geschichtsbild bzw. zur Geistesgeschichte des amerikanischen und europäischen militärischen Denkens. Sie leitet den Betrachter zur Entwicklung der Kriegslehren und -doktrin. Sie führt aber auch zur allgemeinen Entwicklung in der politischen Kultur, die meistens Gegenstand heftiger Polemik ist. So wird beispielsweise »Irak« automatisch mit »Vietnam« gleichgesetzt, während »the global war on terror« wiederum mit dem Kampf gegen die totalitären Diktaturen des 20. Jahrhunderts auf eine Stufe gestellt wird. Unvermeidlich spielt hierbei stets auch die tiefe und nachhaltige Wirkung des Korea- und des Vietnamkrieges mit hinein. Entscheidend sind hier vor allem die Biografien von William Westmoreland, Harry Summers, Colin Powell, Eric Shinseki und David Petraeus. In besondere Weise betroffen von dieser Thematik und all den mit ihr einhergehenden Problemen ist die Generation jüngerer, kriegsgedienter Offizierschüler des Verfassers, über die am Endes des Beitrags noch zu reden sein wird. Zunächst bleibt lediglich festzustellen, dass mich diese Offizierschüler bei meinen Reflexionen über die historische Bildung und die »Verwertung« der Vergangenheit in den US-Streitkräften entscheidend beeinflusst haben.

II.

Die Frage nach dem Nutzen oder dem Nachteil der Beschäftigung mit der Geschichte in den US-Streitkräften ist aus der Sicht der historischen Bildung der Bundeswehr heute viel schwieriger und kontroverser zu beantworten als vor dem 11. September 2001. Spätestens seit dem Jahre 2004, wenn nicht schon früher, ist bei den »chattering classes« (svw. »politisch aktive Klasse«) der Vereinigten Staaten eine Suche nach den Schuldigen für den 11. September sowie für die schwerwiegenden Folgen der Feldzüge in Afghanistan und in Irak im Gange. Diese Tatsache erschwert die Überlegungen, aber sie soll niemand abschrecken. Die Suche nach den Ursachen und Folgen des Zeitgeschehens wird jedenfalls nicht leichter, wenn in Feindbildern

---

7 Emory Upton, The Military Policy of the United States, Washington, DC 1904.

8 William Mitchell, Winged Defense. The Development and Possibilities of Modern Air Power-Economic and Military, New York 1925.

9 Hew Strachan, Clausewitz's On War. A Biography, New York 2007, S. 1 ff.; Tony Corn, Clausewitz in Wonderland. In: Policy Review, September 2006 <http://www.hoover.org/publications/ policy-review/4268401.html>.

gedacht und eine Art transatlantische Mauer errichtet wird – bei den Amerikanern wie bei den Deutschen.

Ein Nachdenken über das Thema im Geiste der Inneren Führung ist jedoch angesichts des »global war on terror« oder auch des »long war«, bei dem sich die US-Streitkräfte offenbar – wegen des Stockens der irakischen und afghanischen Feldzüge – in einer strategischen Krise befinden, wichtiger denn je, da eben diese Krise unweigerlich eine Krise des amerikanischen soldatischen Daseins mit sich bringt. Die Eckpunkte dabei sind:

- die strategische Wirkung vor und nach dem 11. September 2001, angesichts der irregulären Kriegführung bzw. des islamistischen Terrorismus, auf die politische Psyche sowie auf das historische Gedächtnis der US-Streitkräfte;
- die strategischen und operativen Rückschläge seit dem Sommer 2003, aber auch die scheinbaren Erfolge der Aufstockung der Truppen im Irak 2006 und 2007 nach den Grundprinzipien einer »counter insurgency strategy«;
- der Rücktritt des Verteidigungsministers Donald Rumsfeld im November 2006 und die »Revolte« einiger politisierender Generale a.D. im Wahlkampf 2006;[10]
- und, am wichtigsten, die sichtbaren Probleme mit dem inneren Gefüge des US-Offizierkorps;

Deutlich zu Tage gefördert wurden die Probleme des inneren Gefüges der Streitkräfte durch die Thesen von Oberstleutnant Paul Yingling[11] sowie die Neuauflage der Argumentation von Oberst Herbert Raymond McMaster,[12] die beide das Versagen der Generalität gegenüber der politischen Führung sowie eine Generationskluft zwischen jungen Frontoffizieren und der Generalität thematisieren. Zu vorstehenden Eckpunkten gesellt sich schließlich der erhöhte oder vielmehr überhöhte Auftrag des Soldaten für den Einsatz im Inneren sowie die sich parallel dazu abzeichnende Militarisierung der inneren Sicherheit.[13]

Weiterhin ist der Verfasser der Überzeugung, dass die amerikanische Wehrform, die am Ende des Vietnamkrieges konzipiert wurde – eine Freiwilligenarmee, verbunden mit der Ausrichtung auf eine »high technology«-Qualitätsarmee –, »am Kippen« ist. Viele Probleme, die hier geschildert werden, sind im Wesentlichen

10 Michael C. Desch, Bush and the Generals. In: Foreign Affairs, Mai/Juni 2007 <http://www.foreignaffairs.org/20070501faessay86309/michael-c-desch/bush-and-the-generals.html>; Richard B. Myers, Richard C. Kohn, Mackubin Thomas Owens, Lawrence J. Korb and Michael C. Desch, Salute and Disobey? In: Foreign Affairs, September/Oktober 2007 <http://www.foreignaffairs.org/20070901faresponse86511/richard-b-myers-richard-h-kohn-mackubin-thomas-owens-lawrence-j-korb-michael-c-desch/salute-and-disobey.html>.

11 Paul Yingling, A Failure in Generalship. In: Armed Forces Journal International, Mai 2007 <http://www.armedforcesjournal.com/2007/05/2635198>; siehe hierzu auch Fred Kaplan, Challenging the Generals. In: New York Times, 26.8.2007; Elisabeth Bumiller , At Army School for Officers, Blunt Talk about Iraq. In: New York Times, 14.10.2007.

12 Herbert Raymond McMaster, Dereliction of Duty: Lyndon Johnson, Robert McNamara, the Joint Chiefs of Staff and the Lies That Led to Vietnam, New York 1996, Anm. 7. Oberst McMaster hat seinen Ruf im Fronteinsatz im Irakkrieg bewährt.

13 Die gegenwärtige Krise im Berufsethos und Geschichtsbild des US-Offiziers ist dem Autor durch seine Tätigkeit als Professor an einer Universität für US-Offiziere und Offiziere verbündeter Streitkräfte durchaus bekannt. Besonders im geschichtlichen Selbstverständnis und in der Rezeption der historischen Bildung bei seinen Studenten und Studentinnen aller Nationen wird diese Krise deutlich sichtbar.

auf die Entwicklung jener Wehrverfassung aus der Mitte des 20. Jahrhunderts zurückzuführen.

Schon seit Langem gibt es eine Wechselbeziehung zwischen den deutschen und US-amerikanischen Streitkräften.[14] Die hier skizzierte Entwicklung ist für ein deutsches Publikum vielleicht deswegen interessant, weil es eben diese soldatische Schicksalsgemeinschaft gegeben hat; mindestens seit dem Ende der 1940er Jahre, wenn nicht schon viel früher.

Die krisenhafte Entwicklung wirft die Fragen nach dem historischen und beruflichen Selbstverständnis neu auf – für junge Amerikaner im Allgemeinen und für die junge Generation von US-Offizieren im Besonderen. (Dies gilt aber auch für die Offiziere jener verbündeten Streitkräfte, die vom US-Militärwesen geprägt worden sind.) Erforderlich ist eine redliche Auseinandersetzung mit der soldatischen Vergangenheit sowie mit dem krisenhaften Zeitgeschehen, ganz im Sinne des Staatsbürgers in Uniform. Die ersten Anzeichen einer solchen Auseinandersetzung in den USA sind sicherlich da.[15] Inwieweit sie sich auf eine »gesunde« Art und Weise weiterentwickeln, lässt sich nicht vorhersagen. Wenn man allerdings die Gesamtlage der politischen und strategischen Kultur der USA betrachtet, muss man eher pessimistisch sein. Wegen eben dieser polarisierten politischen Kultur in den USA sowie angesichts des Zusammenbruchs des »strategic idealism« der »revolution in military affairs«, vor dem Aufstand der Dschihadisten, droht die Degradierung von Geschichte zur bloßen politischen Keule.

Die Geschichte des US-Soldaten und der US-Wehrverfassung als Waffe in den Händen von parteipolitischen Persönlichkeiten wird kein Mittel zur Bildung von Bürgern und Soldaten im besten Sinne sein können. Sie wird auch nicht mehr zur Erklärung von Ursachen und Folgen des politischen und strategischen Geschehens dienen können. Die Geschichte des Krieges und des Militärs in der amerikanischen sowie in der Weltgeschichte ist in den US-Streitkräften überall präsent, bisweilen sogar in brisanter Weise. Aber diese Fragen sind in zunehmendem Maße gefangen im Strudel des gegenwärtigen Zeitgeistes und bestimmt von politischen, sozialen und geistigen Strömungen, die im Folgenden kurz aufzeigt werden. Ohne Berücksichtigung dieses zivil-militärischen sowie geistesgeschichtlichen Hintergrundes wäre eine Analyse der historischen Erziehung und Ausbildung bzw. Bildung in den US-Streitkräften in ihrer facettenreichen Vielfalt nicht zielführend.

---

14 Siehe Martin van Creveld, Kampfkraft. Militärische Organisation und Leistung der deutschen und amerikanischen Armee 1939–1945, Graz 2005; Helmut R. Hammerich [u.a.], Das Heer 1950 bis 1970. Konzeption, Organisation, Aufstellung, München 2006 (= Sicherheitspolitik und Streitkräfte der Bundesrepublik Deutschland, 3).

15 Michael G. Mullen (Chairman of the Joint Chiefs of Staff), CJCS Guidance for 2007-2008, 1.10.2007 <http://www.jcs.mil>; Don M. Snider, Dissent and Strategic Leadership of the Military Profession, 13.2.2008 <http://www.fpri.org/resarch/nationalsecurity/mindthegap/>.

III.

Die US-Streitkräfte kennen, wie gesagt, keine Innere Führung im bundesdeutschen Sinne.[16] Man könnte argumentieren, dass sie die Innere Führung auch nicht brauchen, weil sie Ergebnis einer völlig anderen verfassungshistorischen und innenpolitischen Entwicklung sind, wie dies vielleicht genauso für Frankreich oder das Vereinigte Königreich zutrifft.[17] Diese unterschiedliche Entwicklung hatte jedenfalls zur Folge, dass sich keine einheitliche politisch-historische Bildung herausgebildet hat, weder auf der Grundlage der US-Verfassung noch auf der Grundlage des demokratischen Gesamtkonzepts einer Parlamentsarmee sowie der Einordnung des Militärs in das System der Gewaltenteilung, wie es dem bundesdeutschen Konzept der Inneren Führung entspräche. Die US-Streitkräfte haben keinen Beirat für Innere Führung, mit Sprechern wie vormals Professor Dr. Hans Adolf Jacobsen oder, heute, Professor Dr. Rainer Pommerin, die überdies Ordinarien für Politik- bzw. Geschichtswissenschaften waren oder sind. Ferner liegt im Falle der Vereinigten Staaten die Verantwortung für die Geschichtsschreibung der Streitkräfte zum größten Teil bei den Teilstreitkräften und deren Bildungseinrichtungen – hinter dem Kasernentor, abseits der zivilen Gesellschaft. Diese Tätigkeit wird also nicht wie in Deutschland von einer kritischen, aufgeklärten Öffentlichkeit begleitet.[18]

Historische Bildung im Interesse einer Stärkung des politischen Urteilsvermögens erfolgt zum Teil an den Militärakademien oder in höheren Bildungseinrichtungen wie der Naval Postgraduate School, dann jedoch nur in Teilen und entweder sehr früh oder oft sehr spät in der Offizierlaufbahn. Ihre geistesgeschichtlichen Grundlagen richten sich an Vorbildern wie Emory Upton, Douglas MacArthur, Norman Schwarzkopf, Tommy Franks oder ähnlichen Persönlichkeiten aus, also an Personen, die entweder der Demokratie skeptisch gegenüber standen bzw. stehen oder die ewigen Werte des Soldaten nicht vollständig im amerikanischen Sinne des Bürgers in Uniform verkörperten bzw. verkörpern.

In den USA »herrschen« eben keine Baudissins, de Maizières oder Kielmanseggs. Hier »thronen« die »regulars«, die Berufssoldaten, die im 19. und 20. Jahrhundert große politische Bedeutung erlangten und heute noch das innere Gefüge der US-Streitkräfte entscheidend prägen.

---

16 Reeves, Military Education (wie Anm. 5); Alger, The Quest for Victory (wie Anm. 5); Reardon, Soldiers (wie Anm. 5). Zum Thema siehe auch: Russell Weigley, Towards an American Army. Military Thought from Washington to Marshall, New York 1962; American Military Thought. Ed. by Walter Millis, New York 1966; Russell Weigley, The American Way of War. The History of US Military Policy and Strategy, New York 1973; Alan R Millett and Peter Maslowski, For the Common Defense. A Military History of the United States of America, New York 1984; Abenheim, Soldier and Politics (wie Anm. 1).

17 Zum Thema »Soldat und Politik im Vereinigten Königreich« siehe: Hew Strachan, The Politics of the British Army, Oxford 1997.

18 Diese Feststellung spiegelt die berufliche Erfahrung des Verfassers aus drei Jahrzehnten wider. Das US Army Center of Military History hat keinen wissenschaftlichen Beirat in der demokratischen bzw. pluralistischen Art und Funktion, wie es bei vergleichbaren Institutionen in Deutschland der Fall ist. Siehe Strategic Plan 2007–2011. Ed. by the US Army Center of Military History, HQ Department of the Army, Washington, DC 2007, S. 2–4.

Es gibt allerdings durchaus Beispiele von gebildeten Offizieren, die wissenschaftlich sehr begabt sind, etwa Wesley Clark oder David Petraeus.[19] Sie lassen sich aber mit den Vätern der Bundeswehr und der Inneren Führung kaum vergleichen. Es finden sich auch etliche Beispiele von ehemaligen Historikern im Dienste des US-Militärs, deren Werke ihren Ursprung im militärischen System haben und die sich dann später erfolgreich an zivilen Universitäten etablierten, zum Beispiel Ronald H. Spector, Andrew J. Bacevich und David Alan Rosenberg.[20]

IV.

Im Gegensatz zu den meisten europäischen Streitkräften hat man in den US-Streitkräften ein ziemlich komplexes und verzweigtes, insgesamt enorm umfangreiches Angebot an historischen Erziehungs-, Ausbildungs- und Bildungsaktivitäten.[21] Betrachtet man beispielsweise die Webseite des US Army Center of Military History, wie auch deren Pendants bei der US Air Force, dem US Marine Corps oder der US Navy, so ist das Gesamtergebnis nicht nur bezüglich des Angebotes überwältigend und besonders für einen Außenseiter und Unbeteiligten gar verwirrend. Vielleicht kann man die mit diesem System verbundene Absicht als die planmässige Verwertung der nutzbaren Vergangenheit umschreiben – eine Verwertung mit zweifacher Zielsetzung im Hinblick auf historische Erziehung, Ausbildung und eventuell Bildung.

An erster Stelle steht die massive, flächendeckende und praktische Anwendung oder Verwertung des historischen Wissens auf eher technokratische Art zu didaktischen Zwecken und zum Nutzen der Führung heutiger Kampfeinsätze. Dies geschieht

---

19 Wesley Clark, Waging Modern War, New York 2001 (als junger Offizier war Clark Rhodes Scholar an der Universität Oxford); Jim Dyer, A Ferocious Competitor Pushes His Troops, and Himself, Hard. In: New York Times, 18.3.2003. Petraeus hat an der Woodrow Wilson School of Public International Affairs der Princeton University über die Theorie und Praxis der Kleinkriegführung promoviert.

20 Spector ist Professor für Geschichte an der George Washington University in Washington, DC, und war vorher am Naval History Center bzw. US Army Center of Military History tätig; siehe Ronald Spector, Eagle Against the Sun. The American War with Japan, New York 1985. Bacevich hat als Offizier promoviert und ist Professor für Internationale Beziehungen an der Boston University; siehe Andrew J. Bacevich, The Pentomic Era. The United States Army between Korea and Vietnam, Washington, DC 1986; Andrew J. Bacevich, The New American Militarism (wie Anm. 1). Rosenberg hat in der »Nuclear Weapons History«-Forschung der 1980er Jahre Bahnbrechendes geleistet; er ist Professor am US Naval War College in Newport, RI, und zugleich Dozent an der Temple Univeristy in Philadelphia; siehe David Alan Rosenberg, The Origins of Overkill. Nuclear Weapons and American Strategy 1945–1960. In: International Security, 7 (1983), 4, S. 3–71.

21 Zu den historischen Einrichtungen des US Department of Defense gehören: US Air Force Historical Research Agency, US Air Force History Support Office, US Air Force Museum, Army Center for Military History, Army Institute of Heraldry, Army Military History Institute, Joint Chiefs of Staff History Office, Naval Historical Center, Marine History Center, Historical Office of the Office of the Secretary of Defense. Ferner sind die hauptamtlichen Lehrkräfte und Forscher an den Ausbildungs- und Bildungseinrichtungen, Akademien und Universitäten der Teilstreitkräfte sowie der zentralen militärischen Institutionen zu nennen, die hier nicht alle aufgelistet werden können. Weiterführende Details unter <www.history.army.mil> und under <www.defenselink.mil/other_info/history.html>.

vorwiegend durch »field historians«, die Einheiten im Einsatz begleiten. Als nächstes muss eine riesige bürokratische Organisation sowie deren ständige Umorganisation im Zuge der sogenannten Rumsfeld'schen Transformation erwähnt werden. Diese besteht alleine in den verschiedenen Kommandostäben des US-Heeres aus etwa 230 »organizational historians«.[22] Bei den anderen Teilstreitkräften müssten die Zahlen kleiner sein. Dennoch dürften auch bei der US-Luftwaffe und dem US-Marinekorps einige weitere Dutzend solcher Stellen vorhanden sein, sowohl auf Truppenebene als auch in den verschiedenen Kommandobehörden.

Weiteren Aufschluss hierüber gibt der »Strategic Plan« des US Army Chief of Military History: »The Chief of Military History is responsible for ensuring the appropriate use of military history in the teaching of strategy, tactics, logistics and administration [...] This mission includes the requirement that military leaders at all levels be aware of the value of history in advancing military professionalism.«[23]

Wenn man die 42 Seiten dieses Dokuments genau liest, findet man allerdings kaum eine Diskussion über historische Bildung im Sinne der Inneren Führung, wie sie seinerzeit Oberst Dr. Hans Meier-Welcker, der erste Amtschef des MGFA, verstanden wissen wollte und wie sie dort heute noch verstanden wird.[24] Vereinzelt gibt es in West Point, an der US Air Force Academy und im US Army Command and Staff College oder an der Naval Postgraduate School in Monterey einige Lehrveranstaltungen mit anspruchsvoller politischer Bildung universitärer und wissenschaftlicher Art, die der gesamten historischen Dimension von Krieg und Militär gerecht werden. Aber diese sind leider eher eine Ausnahme. Historische Bildung (im Gegensatz zur Traditionspflege und zur historischen Erziehung für militärische Ausbildungszwecke) erfährt der Offizier außerhalb der militärischen Ausbildungs- und Bildungsinstitutionen kaum, ja schlimmer noch: angesichts der enormen Einsatzbelastungen heutzutage eher überhaupt nicht mehr.

Nach meiner persönlichen Meinung machen sich in den Erziehungs- und Bildungseinrichtungen der Streitkräfte die Auswirkungen der gegenwärtigen Kriege bemerkbar. Frei nach Ex-Minister Donald Rumsfeld galt und gilt immer noch die Parole: Alle »non essential functions« sind erheblich zu kürzen oder mit techno-

---

22 Vgl. Strategic Plan (wie Anm. 18), S. 13.

23 Ebd., S. 7. Für den historischen Hintergrund zu diesem Auftrag siehe Reardon, Soldiers (wie Anm. 5).

24 Siehe auch Strategic Plan (wie Anm. 18), S. 2: »The main purpose of such work [to disseminate historical knowledge] is to increase the effectiveness of today's Army. To achieve this objective, the history program establishes the basis for Army doctrine; provides the historical perspective to current decision makers; enhances unit morale and traditions by providing the historical material on which to base unit heritage; and in a more general sense gives Army students an appreciation of how the past forms and conditions our responses to the future.« Zu den Ideen von Meier-Welcker sowie zur wissenschaftlichen und demokratischen Neuorientierung der amtlichen deutschen Militärgeschichtsschreibung in Westdeutschland nach 1945 siehe Hans Meier-Welcker, Soldat und Geschichte. Aufsätze, Freiburg 1976; Militärgeschichte. Probleme – Thesen – Wege. Im Auftrag des Militärgeschichtlichen Forschungsamtes ausgew. und zusgest. von Manfred Messerschmidt, Klaus A. Maier, Werner Rahn und Bruno Thoß, Stuttgart 1982 (= Beiträge zur Militär- und Kriegsgeschichte, 25), S. 17–59; 50 Jahre Militärgeschichtliches Forschungsamt. Eine Chronik. Hrsg. vom Militärgeschichtlichen Forschungsamt, bearb. von Martin Rink, Potsdam 2007, S. 13–35.

logischer Unterstützung unter Berücksichtigung marktwirtschaftlicher Methoden zu straffen. Das bedeutet unter anderem, beim Lehrpersonal unter Beibehaltung der herkömmlichen Unterrichtsmethoden einzusparen und die zu vermittelnden Inhalte so zu vereinfachen, dass sie »digital« und »remote« konsumiert werden können.[25] Es herrscht somit die allgemeine Neigung vor, den Stoff der Militärgeschichte in Erziehung und Ausbildung als »distance learning« digital und maschinell zu verarbeiten.[26]

Die institutionelle Verwertung der Vergangenheit zu eher didaktischen Zwecken oder zur Bildung von einschlägigen Systemen von Kriegslehren auf der taktischen und operativen Ebene in den Streitkräften der USA ist ein »glorreiches« Erbe.[27] Diese Tradition steht bekanntlich im Gegensatz zu den Ideen von Carl von Clausewitz; sie lässt vielmehr den Geist eines Jomini und seiner zahlreichen Anhänger bis in die Gegenwart spüren.[28] Eine derartige Verwertung der Vergangenheit begann mit der Gründung von West Point im Jahre 1802, wobei man sich an das französische Festungspionierschulwesen anlehnte, und setzte sich in Form der großen Quellenedition der »Records of the Rebellion« unter Obhut der US-Armee in den 1870er Jahren fort.[29] Am Ende des 19. Jahrhunderts erreichte sie eine neue Ebene mit der Gründung des US Naval War College (1890) und des US Army War College (1904). Das Industrial College of the Armed Forces – gegründet nach der parlamentarischen Wehrreform des Jahres 1920 – versuchte, die im Ersten Weltkrieg zutage getretenen nationalen Versäumnisse des Maschinenzeitalters zu beheben.[30]

Die Verwendung der kriegsgefangenen deutschen Generalstabsoffiziere in der EUCOM Historical Section nach 1945 steht ebenfalls in dieser Tradition.[31] Dieser Dienst machte sich die unmittelbare, noch lebendige Erfahrung des Zweiten Weltkriegs zunutze und war insofern Teil eines groß angelegten historiografischen Projektes. Wie man zugeben muss, überragt die Qualität der »amtlichen« Geschichtsschreibung aller drei Teilstreitkräfte aus jener Zeit das meiste, was zu diesem Thema vorher und nachher entstand. Manche Schrift eines ehemaligen deutschen Generalstabsoffiziers von damals ist heute noch im amerikanischen Buchhandel erhältlich.[32]

---

25 Strategic Plan (wie Anm. 18), S. 14 ff.

26 Aus der Sicht des Autors und sicherlich auch aus der Sicht seiner Studenten und Studentinnen kommt dies eher einer Herabstufung gleich. Das ergab eine vom Autor im Herbstquartal 2007 an der Naval Postgraduate School durchgeführte Befragung unter den dortigen Studenten und Studentinnen bezüglich ihrer Erfahrung als Offizier mit der Militärgeschichtslehre in ihrer bisherigen militärischen Laufbahn (Basis: 40 männliche und weibliche Offiziere im Dienstgrad Leutnant bis Oberst).

27 Alger, The Quest for Victory (wie Anm. 5); Reardon, Soldiers (wie Anm. 5); Linn, Echo of Battle (wie Anm. 1).

28 John Shy, Jomini. In: Makers of Modern Strategy. From Machiavelli to the Nuclear Age. Ed. by Peter Paret, Princeton, NJ 1986, S. 143–185.

29 Reardon, Soldiers (wie Anm. 5), S. 33 ff.; Linn, Echo of Battle (wie Anm. 1), S. 40 ff.

30 Reardon, Soldiers (wie Anm. 5), S. 182–213; Linn, Echo of Battle (wie Anm. 1), S. 116–150.

31 Christian Greiner, »Operational History (German) Section« und »Naval Historical Team«. Deutsches militärstrategisches Denken im Dienst der amerikanischen Streitkräfte von 1946–1950. In: Militärgeschichte. Probleme (wie Anm. 24), S. 409–435.

32 Zwei Beispiele von vielen: The Anvil of War. German Generalship in Defense on the Eastern Front. Ed. by Peter Tsouras, London, Mechanicsburg 1994; Fighting in Hell. The German Ordeal on the

Die rasante technologische Entwicklung des Kriegsbildes und der Streitkräfte bis zur Mitte des 20. Jahrhunderts, repräsentiert durch Alfred T. Mahan (»Sea Power«), »Billy« Mitchell (»Air Power«) oder Bernard Brodie (»Atomic Power«), hatte die Auseinandersetzung mit der kriegerischen und militärischen Vergangenheit nach dem Koreakrieg eher gelähmt.[33] Es sei hierbei nur an die Reaktion Brodies, eines führenden zivilen Historikers in Marinediensten, auf die Zündung der Atombombe im Sommer 1945 erinnert. Diese fortdauernde Lähmung im Zeichen der Wasserstoffbombe sowie der »wars of national liberation« hielt etwa bis zum Ende des Vietnamkrieges an und damit bis zu dem Zeitpunkt, als es notwendig wurde, die Streitkräfte infolge der Niederlage in Südostasien wieder neu aufzubauen.[34]

Der neue Ansatz war gekennzeichnet durch die Neugründung bzw. die Neuausrichtung des Strategy Department des US Naval War College und die Gründung des US Army Training and Doctrine Command in den Jahren 1973 bis 1977. Hieraus erwuchsen während der 1980er Jahre zweierlei Versuche: das Berufsethos sowohl des Heeres als auch der Marine auf der Basis traditioneller sowie idealisierter geschichtlicher Vorbilder zu rekonstruieren und die zeitgeschichtlichen »Lehren« in Form einer Doktrin, basierend auf historischen Idealtypen, zu etablieren. Interessanterweise hat dabei die US Army eher eine preußisch-deutsche Tradition der Operationschronologie aufrechterhalten, während sich die US Navy stärker an britischen Vorbildern im Sinne von Alfred T. Mahan orientierte. Entscheidend jedoch ist, dass sich in den späten 1970er Jahren die Grundlagenforschung zum Thema »Militär im Staat« sowie eine Auseinandersetzung über die Mittel von Krieg und Frieden im 20. Jahrhundert in den USA eher – wenn überhaupt – in der zivilen Wissenschaft entfalteten.

In den frühen 1990er Jahren erfolgte die »Auswertung« der Vergangenheit dann unter dem Banner der »revolution in military affairs«,[35] die ihre Wurzeln ebenfalls in den 1970er Jahren hat. Auch hierbei spielte die deutsche Militärgeschichte manchmal auf seltsame Art und Weise eine große Rolle. Obwohl Donald Rumsfeld mittlerweile nicht mehr in Amt und Würden ist, hält die Tendenz zur »Geschichtsverwertung« auch heute noch an. Unter großem Getöse wird sie als Neuentdeckung der Geschichte der Kleinkriegführung auf der operativen und taktischen Ebene betrieben.

Der Gehalt dieser historischen Ausbildungstätigkeit, wie sie zum Beispiel in den Lehrgängen des Reserve Officer Training Corps, der US Military Academy, der US Naval Academy, der US Air Force Academy, der Waffenschulen der Teilstreitkräfte sowie im Rahmen der mittleren und höheren Generalstabsausbildung (Command and General Staff Course sowie War Colleges) vorherrscht, lässt sich auf folgen-

---

Eastern Front. Ed. by Peter Tsouras, London, Mechanicsburg 1996.

33 Bernard Brodie, Strategy in the Missile Age, Princeton, NJ 1959; vgl. Bacevich, The Pentomic Era (wie Anm. 20).

34 Andrew Krepinevich, Recovery from Defeat: The US Army and Vietnam. In: The Aftermath of Defeat. Societies, Armed Forces, and the Challenge of Recovery. Ed. by George J. Andreopoulos and Harold E. Selesky, New Haven, CT 1994, S. 124–142; Conrad Crane, Avoiding Vietnam. The US Army's Response to Defeat in Southeast Asia, Carlisle, PA 2002; Linn, Echo of Battle (wie Anm. 1), S. 193–218.

35 McGregor Knox and Williamson Murrary, The Dynamics of Military Revolution 1300-2000, Cambridge, NY 2001, S. 175–194; Abenheim, Soldier and Politics (wie Anm. 1), S. 145 ff.; Bacevich, The New American Militarism (wie Anm. 1), S. 147–174.

den »Nenner« bringen: Nicht der oberste Grundsatz von Meier-Welcker (»Das Denken im Ganzen bleibt immer das Gegenstück zum Handeln im einzelnen«[36]) ist bestimmend, sondern ein Verfahren, das gewisse, für nützlich erachtete Episoden der Geschichte auf der Suche nach historischen Filetstücken im Sinne von »lessons learned« wie maschinell zerlegt.[37] Man könnte ebenso von einer »business school«-orientierten Suche nach »best practices« sprechen, die eventuell als »super check list« oder als »catalog of lessons learned« irgendwie gestapelt und tradiert werden können, also mit möglichst wenig Aufwand an Bildung im mitteleuropäischen Sinne.

Die Liste von Beispielen hierfür ist nahezu endlos; nur das wichtige Beispiel für die Herausbildung der militärischen Doktrin, des Geschichtsbilds, der Geschichtserziehung bzw. -bildung, wie sie sich von der Mitte der 1970er Jahre bis in die jüngste Vergangenheit vollzog, soll am Schluss erläutert werden.

V.

Ebenfalls zur eingangs aufgestellten zweiten These – über die »Verwertung« der Vergangenheit – gehört ein Phänomen, von dem bereits Meier-Welcker vor einem halben Jahrhundert gesprochen hat. Im Verlaufe der Debatte über eine amtliche Stellungnahme zur Tradition in der neuen Bundeswehr bzw. über eine entsprechende Vergangenheitspolitik stellte er fest, dass bei der Suche nach einem kompakten militärischen Geschichtsbild mit amtlichem Charakter[38] militärische Geschichte und soldatische Tradition in unpassender Weise vermischt worden und durcheinander geraten seien. Er selbst hob dagegen die wesentlichen Unterschiede dieser beiden Aspekte der Vergangenheit hervor. Seine Schriften diesbezüglich kann man heute noch mit großem Gewinn und Genuss lesen. In der historischen Erziehung, der Ausbildung und den anderen Bildungsaktivitäten der US-Streitkräfte werden auch heute noch diese zwei grundlegend verschiedenen Aspekte der Vergangenheit immer wieder bedenkenlos durcheinandergewürfelt.

Ganz offenkundig wird dieser Umstand bei den historischen Aktivitäten der US-Streitkräfte mit stark öffentlichem Charakter, bei denen man kaum zwischen der Geschichte des Militärs und soldatischer Tradition im mitteleuropäischen Sinn unterscheidet. Das steht im Gegensatz zur Auffassung von Scharnhorst, Clausewitz oder Meier-Welcker – und damit auch im Gegensatz zum Verständnis von Traditionspflege und historischer Bildung in der Bundeswehr. Allzu oft wird in den Vereinigten Staaten die soldatische Tradition mit der Militär- oder Kriegsgeschichte

---

36 Zit. nach Hans-Hubertus Mack, Historische Bildung in der Bundeswehr. In: Militärgeschichte. Zeitschrift für historische Bildung, 2007, 2, S. 5.

37 Reardon, Soldiers (wie Anm. 5), S. 1–8, 201–213; Linn, Echo of Battle (wie Anm. 1), S. 233 ff.

38 Donald Abenheim, Reforging the Iron Cross. The Search for Tradition in the West German Armed Forces, Princeton, NJ 1988, S. 194–201. In deutscher Übersetzung erschienen unter dem Titel: Bundeswehr und Tradition. Die Suche nach dem gültigen Erbe des deutschen Soldaten, München 1989 (= Beiträge zur Militärgeschichte, 27).

gleichgesetzt, »American military tradition« als »history« verstanden, ohne die geringste Wahrnehmung der inhaltlichen und philosophischen Unterschiede.[39]

Der Grund dafür ist zweigestalt: *Erstens* haben die Vereinigten Staaten keinen derart grundlegenden Bruch in der Entwicklung von Staat, Verfassung und Soldatentum erlitten, wie dies in Mitteleuropa der Fall war.

Weil dies so ist, findet – *zweitens* – die berufliche Reflexion über die Vergangenheit um so unkritischer statt, und sie neigt dazu, stärker mit Pathos überladen zu werden. Geschichte wie Tradition dienen somit der Sinnstiftung im Rahmen der Traditionspflege (»heritage, cohesion and morale«) in Bezug auf den einzelnen Soldaten. Dies gilt dann folgerichtig auch für die jeweiligen Teilstreitkräfte wie beispielsweise das US Marine Corps oder die US Air Force mit ihrem besonderen Platz im zivil-militärischen Gefüge. In besonderer Weise zum Tragen kommt das jeweils historisch-traditionell unterschiedlich geprägte Selbstverständnis in Fragen der Strategie und der daraus resultierenden Operationen gemäss dem »American way of war«.

Die verschiedenen Aspekte der »lineage and honors«, der US-amerikanischen Interpretation des Systems bei Hans von Seeckt[40], das den Namen und das historische Erbe eines aufgelösten Regiments oder anderen Truppenteils der Kaiserzeit zumeist künstlich auf einen neu aufgestellten Verband der Reichswehr übertrug, werden oft vermischt mit der »organizational history«[41] und dem »institutional memory« einer Organisation – in endlosen Reorganisationen mit sehr kurzem bürokratischem Gedächtnis. Gerade in der US Army in Europa war dies in der Vergangenheit oft der Fall.

Diese Verbindung von »organizational history« und Sinnstiftung im Rahmen der militärischen Bräuche und des Zeremoniells führt zu einer Art von Traditionspflege, wie sie dann auf den Webseiten der einzelnen Teilstreitkräfte ersichtlich ist. Von besonderer politischer Bedeutung ist die Tatsache, dass diese amtliche Legitimation des Soldatenberufs in den letzten 25 Jahren eine starke Rezeption in der Zivilgesellschaft gefunden hat.[42]

Ein wichtiger Gesichtspunkt scheint mir auch zu sein, welche Einstellung seitens der staatlichen Institutionen gegenüber den Historikern in den Teilstreitkräften oder auch im Staatsdienst allgemein herrscht. Allzu oft werden sie leider nur als Hilfskräfte betrachtet, die zur Lösung von Problemen nach den Prinzipien der Volkswirtschaftslehre dienen sollen. Der Geschichte des Krieges und des Militärs

---

39 Strategic Plan (wie Anm. 18), S. 9; siehe auch die Website des Army Institute of Heraldry unter <http://tioh.hqda.pentagon.mil/TIOH_Extras/TIOHHistoryFactSheet.htm>.

40 Hans von Seeckt, Gedanken eines Soldaten, Berlin 1929, S. 27–50; Gustav-Adolf Caspar, Die militärische Tradition in der Reichswehr und in der Wehrmacht 1919–1945. In: Gustav-Adolf Caspar [u.a.], Tradition in deutschen Streitkräften bis 1945, Herford, Bonn 1986 (= Entwicklung deutscher militärischer Tradition, 1), S. 209–258.

41 Hier liegt beispielsweise der Schwerpunkt der Tätigkeit von hauptamtlichen Historikern im Kommandogefüge der US Army.

42 Siehe z.B. Stephen E. Ambrose, Citizen Soldiers. The U.S. Army from the Normandy Beaches to the Bulge to the Surrender of Germany, 7 June 1944–7 May 1945, New York 1997. Für eine kritische und zutreffende Analyse dieses Genres der Historiografie mit breitem öffentlichem Widerhall in der US-Gesellschaft siehe Bacevich, The New American Militarism (wie Anm. 1), S. 97 ff.

in ihrer ganzen Vielfalt wird erheblich weniger Bedeutung eingeräumt als etwa der Managementlehre und den Modeerscheinungen der »revolution in business affairs« oder der »revolution in military affairs«. Für diese Entwicklung ist bereits Robert McNamara Mitte der 1960er Jahre heftig kritisiert worden; auch Donald Rumsfeld durfte dies in jüngster Zeit erleben. Die Methoden des »defense management«, wie sie unter James Forrestal im Zweiten Weltkrieg begannen,[43] haben bis zum Abgang Rumsfelds Ende 2006 auf der ganzen Linie gesiegt, auch auf Kosten einer angemessenen historischen Bildung in den Streitkräften etwa nach den Maßstäben der Inneren Führung der Bundeswehr im Allgemeinen sowie des MGFA im Besonderen.

VI.

Vietnam = Irak!? Mit dieser verkürzenden Aussage bzw. Frage komme ich nun zu einem besonders aktuellen wie brisanten Aspekt von wahrscheinlich entscheidender Bedeutung für unser Thema. Ich komme damit zur Rolle der geschichtlichen Erinnerung und zur Funktion der Kriegslehren, insofern sie das soldatische Ethos und die demokratische Politik maßgeblich beeinflussen. Die damit verbundene jüngere Entwicklung in den US-Streitkräften kann man grob vereinfachen: Den Anfang machte im Jahre 1976 ein gewisser Oberst Harry Summers[44], der in die Fußstapfen von William Westmoreland trat – und mit ihm eben kein Hans Meier-Welcker. Die Folgen reichen bis in die Gegenwart. Aus heutiger Sicht kann man die Auffassung vertreten, dass die zivil-militärischen Fehler in der institutionellen Vergangenheitsbewältigung sowie in der berufsethischen Aufarbeitung der Geschichte des Vietnamkrieges jedenfalls teilweise für die Probleme von heute verantwortlich sind. Diese Fehler machen den Kontrast zur historischen Bildung in der Bundeswehr deutlich, speziell mit Blick auf die dortigen Bemühungen um Aufarbeitung der deutschen Zeitgeschichte.[45]

---

43 Zu James Forrestal als Urbeispiel des modernen Defense Managers in der Ära des totalen Krieges: Robert Greenhalgh Albion [et al.], Forrestal and the Navy, New York, London 1962; Arnold Rogow, James Forrestal. A Study of Personality, Politics and Policy, New York 1963; Michael J. Hogan, Cross of Iron. Harry S. Truman and the Origins of the National Security State 1945–1954, Cambridge, NY 1998. Zu McNamara auf dem Höhepunkt des Vietnamkrieges siehe: A Modern Design for Defense Decision. A McNamara-Hitch-Enthoven Anthology. Ed. by the Industrial College of the Armed Forces, Washington, DC 1966. Es gibt keine wissenschaftliche Biografie über McNamara, was sich in den folgenden, z.T. tendenziösen Titeln widerspiegelt: McMaster, Dereliction of Duty (wie Anm. 12), sowie James Blight, The Fog of War. Lessons of the Life of Robert McNamara, Lanham, MD 2005.

44 Harry G. Summers Jr., On Strategy: The Vietnam War in Context, Carlisle Barracks (US Army War College) 1982; Harry G. Summers Jr., On Strategy: A Critical Analysis of the Vietnam War, Novato, CA 1982; vgl. dazu auch die Literatur in Anm. 33, insbes. Crane, Avoiding Vietnam (wie Anm. 34), S. 21 f.

45 Siehe Donald Abenheim, 50 Jahre Offizierausbildung der Bundeswehr aus internationaler Sicht. Die US-Sicht der Deutschen Bundeswehr, des Bundeswehroffiziers, der Transformation und der »revolution in military affairs«. In: 50 Jahre Bundeswehr – 50 Jahre Offizierausbildung. Ein Beitrag der Helmut-Schmidt-Universität der Bundeswehr, Hamburg. Hrsg. von Eckardt Opitz, Hamburg 2007, S. 92–106.

Die Suche bei den US-Streitkräften nach den Lehren aus dem Vietnamkrieg fand in der zweiten Hälfte der 1970er Jahre hauptsächlich hinter den Toren des US Army War College in Carlisle, Pennsylvania, statt.[46]. Diese Suche hatte bereits lange vor dem Abheben des letzten Hubschraubers vom Dach der US-Botschaft in Saigon im April 1975 begonnen. Sie erfolgte jedoch *ohne* eine rege öffentliche und damit demokratische Auseinandersetzung über die Zeitgeschichte und die Rolle des Soldaten. Eine derartige pluralistische Diskussion über die jüngste Vergangenheit haben die verantwortlichen Militärs damals nicht gewollt. Zur gleichen Zeit wurde die Wehrpflicht zugunsten der »all volunteer force« abgeschafft. Die Führung der US Army kehrte zu den militärischen Urgrundsätzen von »training and force structure« zurück.

Man bediente sich in der US Army wieder des Prinzips der »never again school«, das in der Folge des Koreakrieges die zivil-militärischen Zerwürfnisse bis zum Beginn des Indochinakrieges beherrschte. Diese Doktrin stellte eine Absage an die zivilen Nuklearstrategen dar, die an »limited war in the atomic age« glaubten. Das Prinzip der »never again school« schöpfte aus der Tradition Douglas MacArthurs, dessen Aussage 1951 vor dem US-Kongress: »In war there is no substitute for victory«, sowie dessen Warnung von 1962 an John F. Kennedy, keinen Landkrieg in Asien zu führen, auch zu Schlagworten wurden.[47]

Die Person, die später diese »never again school« in den US-Streitkräften verkörperte, war eben jener Oberst Harry Summers (1932–1999), als Historiker Autodidakt, ehemaliger Unteroffizier im Koreakrieg und später Stabsoffizier in Vietnam.[48] Von 1976 bis 1982 verfasste er im Army War College die quasi amtliche Antwort der US Army auf die Kriegserfahrung von Vietnam. Er interpretierte Clausewitz' Schrift auf eine Art und Weise, welche die Dolchstoßlegende in ihrer amerikanischen Version zum Ausdruck brachte. Seine Interpretation war eine Neuauflage der traditionellen Auslegung des »American way of war«, deren Kontinuität bis zu Dennis Hart Mahan (1802–1871), Militärtheoretiker und Professor in West Point, zurückreicht. Um meiner Aussage etwas von ihrer Schärfe zu nehmen, will ich eingestehen, dass damit keineswegs einer einzigen Person die Schuld an der gegenwärtigen Misere zugeschoben werden soll. Doch lassen sich aus heutiger Sicht der erhebliche Einfluss von Summers, der insofern bereits eine historische Rolle spielt, und seine weitreichenden Folgen einfach nicht übersehen.

Nach Summers' Meinung haben sich die US-Streitkräfte in den 1960er Jahren fälschlicherweise die Strategie der Kleinkriegführung sowie des »nation building« angeeignet. Dies habe die US-amerikanische Seite im Kampf gegen die Nordvietnamesen

---

[46] Crane, Avoiding Vietnam (wie Anm. 34), S. 3 ff.; Linn, Echo of Battle (wie Anm. 1), S. 194–196.

[47] D. Clayton James, The Years of MacArthur. Triumph and Disaster 1945–1964, Boston 1985; Gordon A. Craig and Alexander L. George, Force and Statecraft. Diplomatic Problems of Our Time, Oxford, New York 1995, S. 246–262; James Wirtz, The »Unlessons of Vietnam«. In: Defense Analysis, 17 (2001), 1, S. 41–57.

[48] Summers, On Strategy: The Vietnam War (wie Anm. 44), S. 11 ff.; Crane, Avoiding Vietnam (wie Anm. 34), S. 6–10. Eine sachliche, wissenschaftliche Kritik der Arbeit Summers stammt aus dem Jahre 1986 von Andrew Krepinevich, einem promovierten Heeresoffizier: The Army and Vietnam, Baltimore 1986. Seit dem Irakkrieg von 2003 hat Krepinevichs Werk erst recht große Aufmerksamkeit erlangt.

entscheidend geschwächt.[49] Mitunter, so Summers, habe die US-Regierung verkannt, dass der Vietnamkrieg mit Mitteln des »conventional warfare« hätte gewonnen werden können. Wenn die US National Command Authority in den Jahren 1967 und 1968 diesen zeitlosen Grundsätzen der Kriegführung treu geblieben wäre, hätte dies den Sieg der USA herbeigeführt. Zwischen diesen Zeilen von Summers kann man ohne viel Aufwand schon ein bisschen Ludendorff entdecken. Das Buch von Summers wurde sogar in der breiten amerikanischen Öffentlichkeit zum Renner und sein Autor ein gefeierter und gefragter Mann, besonders als Fernsehkommentator laufender militärischer Ereignisse in der Ära von Reagan bis Bush.

Etwa zur gleichen Zeit beflügelten die Erkenntnisse aus dem Yom-Kippur-Krieg von 1973 die Vordenker des US-Heeres dazu, das Seeckt'sche und Manstein'sche operative Denken im Sinne der »airland battle« wieder zum Kern einer neuen Kriegslehre zu machen.[50] Diese Mischung aus Summers' Lehren und deutschem operativem Denken wurde zum Fundament für den Wiederaufbau der US Army angesichts der Ereignisse an der Wende zu den 1980er Jahren: bei den Krisen um Afghanistan, Iran, Polen und der Krise um die sowjetischen SS-20-Mittelstreckenraketen bzw. die NATO Intermediate Nuclear Forces.

Entscheidende Bedeutung aber gewann diese Entwicklung erst unter Ronald Reagan in den 1980er Jahren. Die Akzeptanz jener Kriegslehren haben sich damals vielerorts tief in die »political and strategic culture« eingegraben, etwa bei Verteidigungsminister (1981–1988) Caspar Weinberger oder dem Chairman der Joint Chiefs (1989–1993) Colin Powell.[51] Von Summers' Bestseller im Jahre 1982 war es ein nur kurzer geistiger Sprung zur Weinberger-Doktrin von 1984 und zum Goldwater-Nichols-Gesetz von 1986 zur Neuordnung des Oberbefehls.[52] Dieses Gesetz hat Powell als Grundlage für seine politische Rolle als führender militärischer Sprecher und strategischer Denker in den letzten Jahren des 20. Jahrhunderts benutzt. Im Jahrzehnt nach dem Sieg in Kuweit von 1991 entwickelte sich diese Geschichte der militärischen Neuordnung zu einem Dogma, wie man den Memoiren von Norman Schwarzkopf oder, noch viel weniger erbaulich, den Erinnerungen von General Tommy Franks entnehmen kann.[53] Besagtes Dogma ist dann bekanntlich in den letzten Jahren durch eine Entgrenzung des Krieges und durch die neue strategische Qualität des islamistischen Terrors völlig zertrümmert worden. Der politische und strategische Untergang Colin Powells ist ein Abbild davon. Summers starb zwei Jahre vor dem 11. September 2001 und musste dies somit nicht mehr erleben.

[49] Summers, On Strategy: The Vietnam War (wie Anm. 44), S. 63 ff.; Crane, Avoiding Vietnam (wie Anm. 34), S. 6–9.

[50] John J. Romjue, From Active Defense to Airland Battle. The Development of Army Doctrine 1973–1982, Fort Monroe/US Army Training and Doctrine Command Historical Office, VA 1984; Field Manual FM 100-5. Operations. Ed. by the Department of the Army, Washington, DC 1982; Linn, Echo of Battle (wie Anm. 1), S. 196–214.

[51] Craig/George, Force and Statecraft (wie Anm. 45), S. 256–273; George P. Shultz, Turmoil and Triumph. My Years as Secretary of State, New York 1993, S. 649–651; Colin Powell, My American Journey, New York 1995.

[52] Zu dieser Gesetzgebung siehe die Website der National Defense University unter <http://www.ndu.edu/library/goldnich/goldnich.html>.

[53] H. Norman Schwarzkopf, It Doesn't Take a Hero, New York 1992; Tommy Franks, American Soldier, New York, 2004; Bacevich, American Militarism (wie Anm. 1), S. 64 f.

Powells Schicksal jedoch ist von entscheidender Bedeutung für unser Thema, was die historischen und strategischen »Lehren« des Vietnamkrieges sowie die Beteiligung der zivilen Wissenschaft an der historischen Bildung in den Streitkräften betrifft.

VII.

Die Herausbildung der Kriegslehren auf einer zweifelhaften geschichtlichen Basis, ohne eine pluralistische Beteiligung aller demokratischen Kräfte der amerikanischen Gesellschaft, hat sehr bedenkliche Folgen gezeitigt, unter anderem in Gestalt politischer Mythen.[54]. Dieser Prozess führte in Teilen zu einer »military doctrine«, die weder der damaligen noch heutigen strategischen Wirklichkeit entspricht. Diese Tatsache ist an sich schon schlimm genug, doch noch fataler waren ihre Auswirkungen beispielsweise auf die amerikanische Innenpolitik sowie für die Legitimation des einzelnen Soldaten.

Im Gegensatz zu den klischeehaften Propagandabildern, die von notorischen »Amerika-Hassern« in Kontinentaleuropa nur allzu oft gezeichnet werden, sind die allermeisten Mitarbeiter und Studenten des Autors aufrechte, anständige Menschen, die für die Zukunft sicherlich etwas besseres verdienen als das, was im kommenden Jahrzehnt infolge der jüngsten Vergangenheit und der Gegenwart wie ein Damoklesschwert über ihnen schweben wird. Das Fehlen eines pluralistischen Fundaments in der militärischen Geschichtsschreibung der jüngsten strategischen und militärischen Vergangenheit darf keinesfalls wie bisher hingenommen werden. Anderenfalls würde die Fortsetzung der bisherigen Praxis, die Vergangenheit teils nach den Lehren von Upton, MacArthur und Summers, teils auch nach bestimmten Prinzipien des Neoliberalismus (Stichwort »outsourcing«) militärisch zu verwerten (schlimmer noch: nach dem Maßstab der innenpolitischen Frontenbildung), eine große Gefahr in sich bergen, sowohl für den amerikanischen Soldaten als auch für die Suche nach der historischen Wahrheit.

Zurück zu den drei eingangs formulierten Blickwinkeln auf das Thema dieses Aufsatzes, speziell zum demokratischen Selbstverständnis des Soldaten: Bekanntlich wurde das Konzept der Inneren Führung in der Gründungsphase der Bundeswehr auch von den Alliierten mit großer Skepsis betrachtet.[55] War es für Amerikaner relativ einfach, mit großer Begeisterung die operativen Ideen eines Hans von Seeckt, Erich von Manstein oder sogar eines Adolf Heusinger und anderer früher Bundeswehrdenker zu übernehmen, so war demgegenüber die deutsche Version eines Bürgers in Uniform verpönt. So wird der Begriff »Innere Führung« auch heute noch in den USA meist falsch übersetzt und zudem fast nie verstanden. Heute aber wären

---

[54] Bacevich, The New American Militarism (wie Anm. 1), S. 205 ff.; Douglas Porch, Writing History in the »End of History« Era. Reflections on Historians and the GWOT. In: Journal of Military History, 70 (2006), 4, S. 1065–1079.

[55] Samuel P. Huntington, The Soldier and the State (wie Anm. 4), S. 122–124; David Clay Large, Die deutsch-amerikanische Verteidigungspartnerschaft und die Sicherheit Europas 1950–1968. In: Die USA und Deutschland im Zeitalter des Kalten Krieges 1945–1968. Ein Handbuch. Hrsg. von Detlef Junker, Bd 1, Stuttgart 2001, S. 332.

die US-Streitkräfte sicherlich gut beraten, etwas mehr von dieser deutschen militärischen Führungsphilosophie zu übernehmen und zu verinnerlichen, besonders im Bereich der Geschichtsschreibung und der historischen Bildung in den Streitkräften. Die Landsleute des Autors sollten die Demokratie im besten Sinne idealer mit dem Soldatischen vereinen – eine Aufgabe, die seit der Abschaffung der Wehrpflicht vor mehr als einer Generation vernachlässigt wurde. Die »revolution in military affairs« und die »transformation« hatten denkbar wenig mit den demokratischen Grundprinzipien des »providing for the common defense« und des Staatsbürgers in Uniform zu tun. Eher das Gegenteil war der Fall, als Donald Rumsfeld mit der Bemerkung »you go to war with the army you have got« sowohl seine eigene politische Bankrotterklärung formulierte, als auch der von ihm seit den frühen 1990er Jahren propagierten »revolution in military affairs« eine solche ausstellte.

Insbesondere muss man einen dringend notwendigen Bedarf an »Innerer Führung« unter dem Sternenbanner feststellen, wenn man die labile Lage des Staates, der Gesellschaft, ihrer Streitkräfte und die »history of the present in the long war« insgesamt betrachtet. Diese »history of the present« wird schon jetzt von Personen wie Victor Davis Hanson[56] und Frederick Kagan[57] oder – schlimmer noch – etwa von Ralph Peters[58] geschrieben, allsamt fragwürdige Autoren, die Kriegslegenden und die ewigen Werte des Soldatentums miteinander verknüpfen und dann hauptsächlich zu innenpolitischen Zwecken benutzen. Wie Andrew Bacevich so treffsicher feststellte,[59] sind solche Legenden und Mythen, die sich gegen den »inneren« Feind richten, mit dem Geiste der US-Verfassung und des amerikanischen Bürgers in Uniform unvereinbar. Diese Legenden aber sind zum Teil ein Ergebnis amtlicher, wissenschaftlich minderwertiger »Geschichtsverwertung« der vergangenen Generation.

Gegenwärtig lässt sich das Aufblitzen der blankpolierten Klingen der modernen Variante der Dolchstoßlegende erheblich schärfer ausmachen, als es im Rückblick auf 1975 damals der Fall war. Im Jahr 2007 hat ein couragierter Frontoffizier, der Panzeraufklärer und ehemalige Student der University of Chicago Paul Yingling,[60] die Forderung aufgestellt, *»the ethical and moral education of all officers«* zu stärken, und zwar sowohl durch eine verstärkte geisteswissenschaftliche Ausbildung

56 Hanson ist Senior Fellow an der Hoover Institution, Stanford University. Zu seinen historischen Schriften gehört: Victor Davis Hanson, The Western Way of War, New York 1998. Hanson ist auch Journalist bei der rechten Zeitschrift National Review (siehe unter <http://www.nationalreview.com/hanson/hanson-archive.asp>), wo er sich als Kulturpessimist, Europafeind und Befürworter des Irakkriegs profiliert.

57 Siehe Frederick Kagan, Finding the Target. The Transformation of American Military Policy, New York 2006. Kagan ist der Bruder von Robert Kagan, dessen Schrift Paradise and Power. America and Europe in the New World Order, London 2003 (dt. u.d.T.: Macht und Ohnmacht. Amerika und Europa in der neuen Weltordnung, Berlin 2003), eng mit dem Beginn des Irakkrieges verbunden ist. Frederick Kagan war Professor an der US Military Academy, West Point, und ist seit 2008 am American Enterprise Institute, Washington, DC tätig. Siehe unter <http://www.aei.org/scholars/scholarID.99/scholar.asp>.

58 Peters war Major des Heeresnachrichtenwesens, wurde Verfasser von vielpublizierten Kriegsromanen und schied aus dem Staatsdienst aus. Siehe Ralph Peters, Red Army, New York 1990. Seit den 1990er Jahren ist er Journalist bei der New York Post, einer Zeitung aus dem Medienkonzern von Rupert Murdoch.

59 Bacevich, The New American Militarism (wie Anm. 1); vgl. Porch, Writing History (wie Anm. 54).

60 Yingling, A Failure in Generalship (wie Anm. 11).

als auch durch eine vermehrte Fremdsprachenausbildung. Wahrhaft revolutionäre Gedankengänge für die Vereinigten Staaten! Yinglings sehr wertvolle Schrift hat großen Anklang gefunden, sowohl unter gedienten Frontoffizieren wie auch bei vielen nachdenklichen Amerikanern, die öffentlich kaum mehr wahrgenommen werden.[61] Yinglings Forderungen ähneln dabei stark den Grundgedanken der Schöpfer der Inneren Führung und lehnen sich sogar an die preußischen Reformer des frühen 19. Jahrhunderts an. Die amtliche Geschichtsschreibung in den US-Streitkräften kann helfen, Yinglings Forderung zu erfüllen, indem sie aus der Geschichte des MGFA und vom demokratischen Geist der Bundeswehr lernt.

[61] Kaplan, Challenging the Generals (wie Anm. 11); Michael Gordon, After Hard Won Lessons, Army Doctrine Revised. In: New York Times, 8.2.2008.